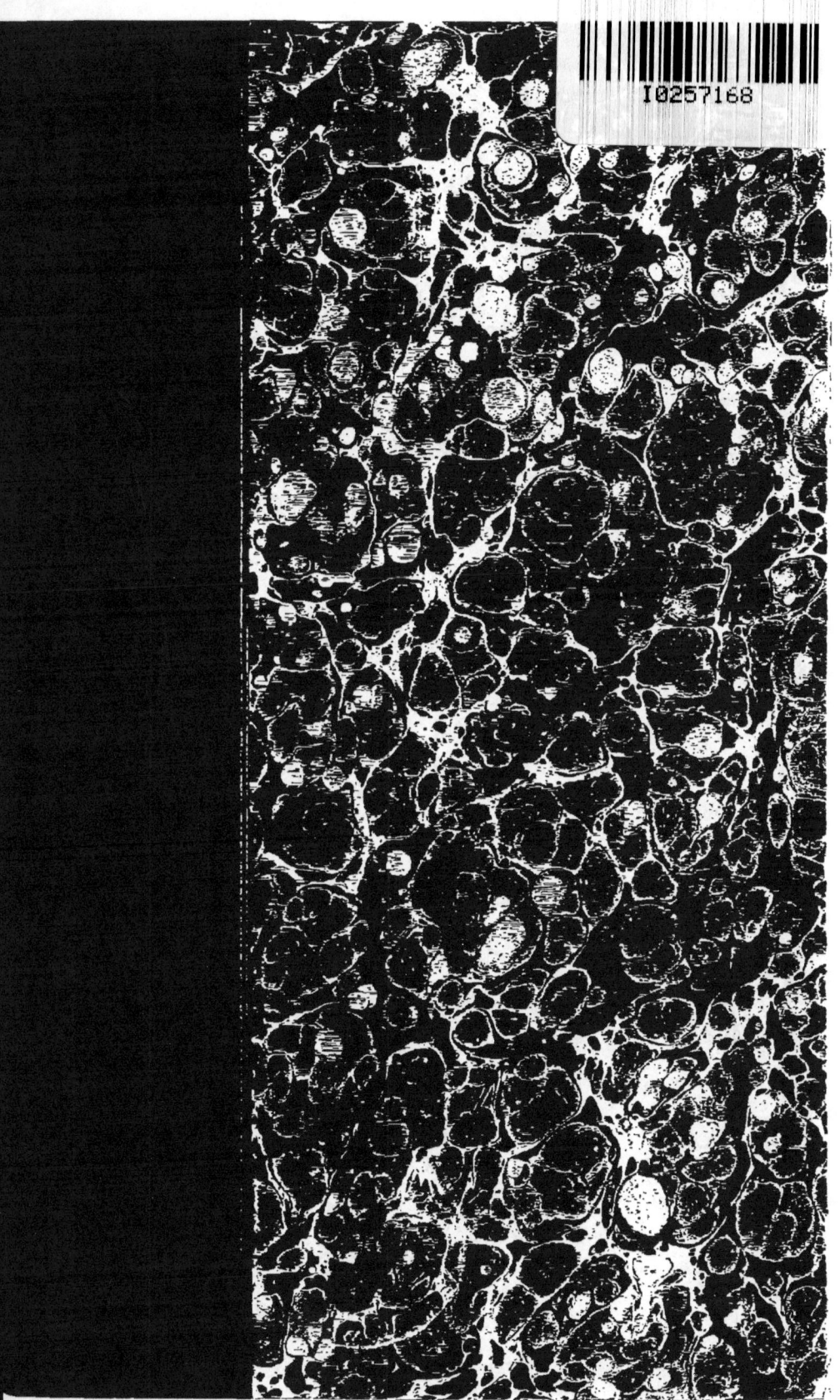

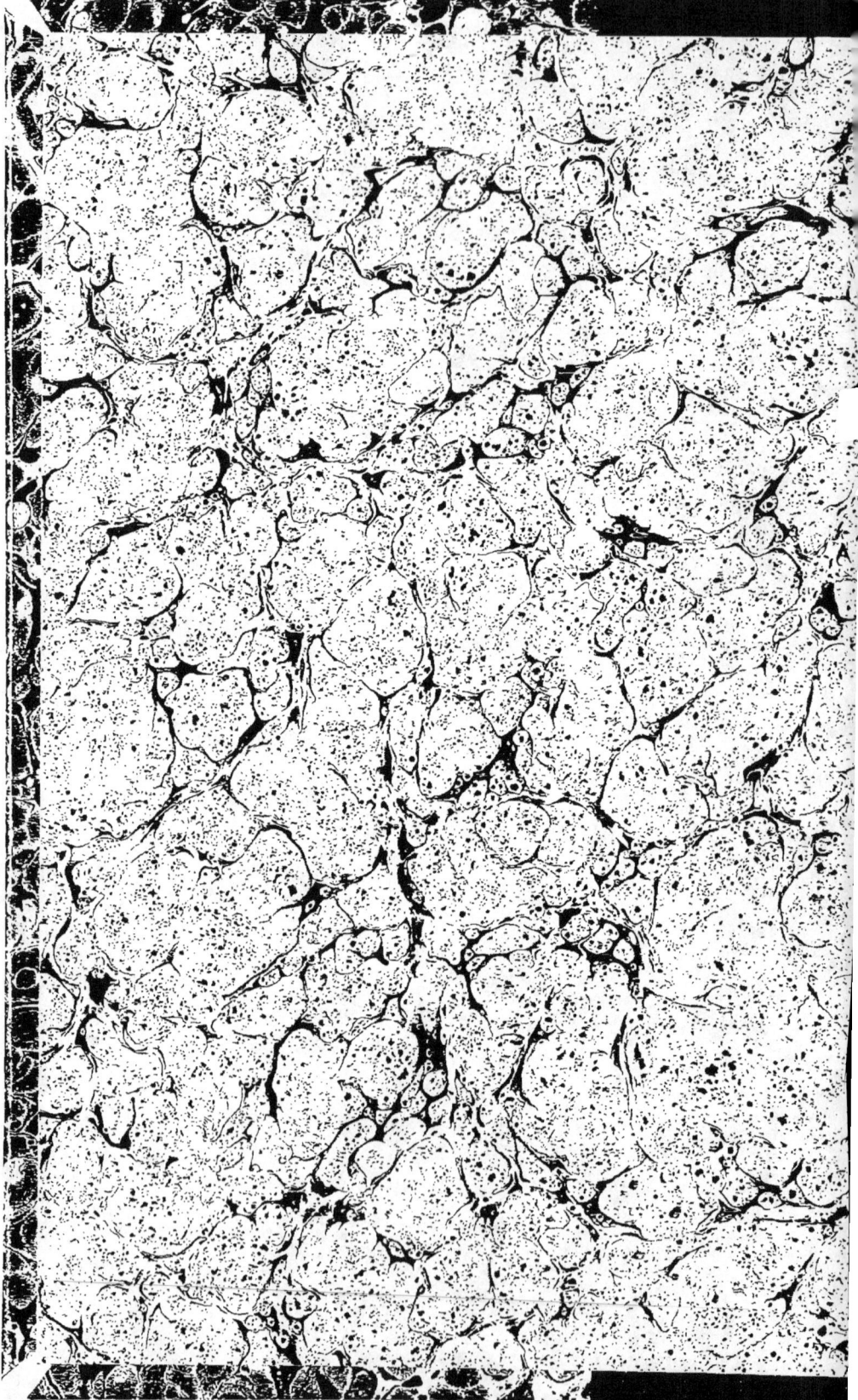

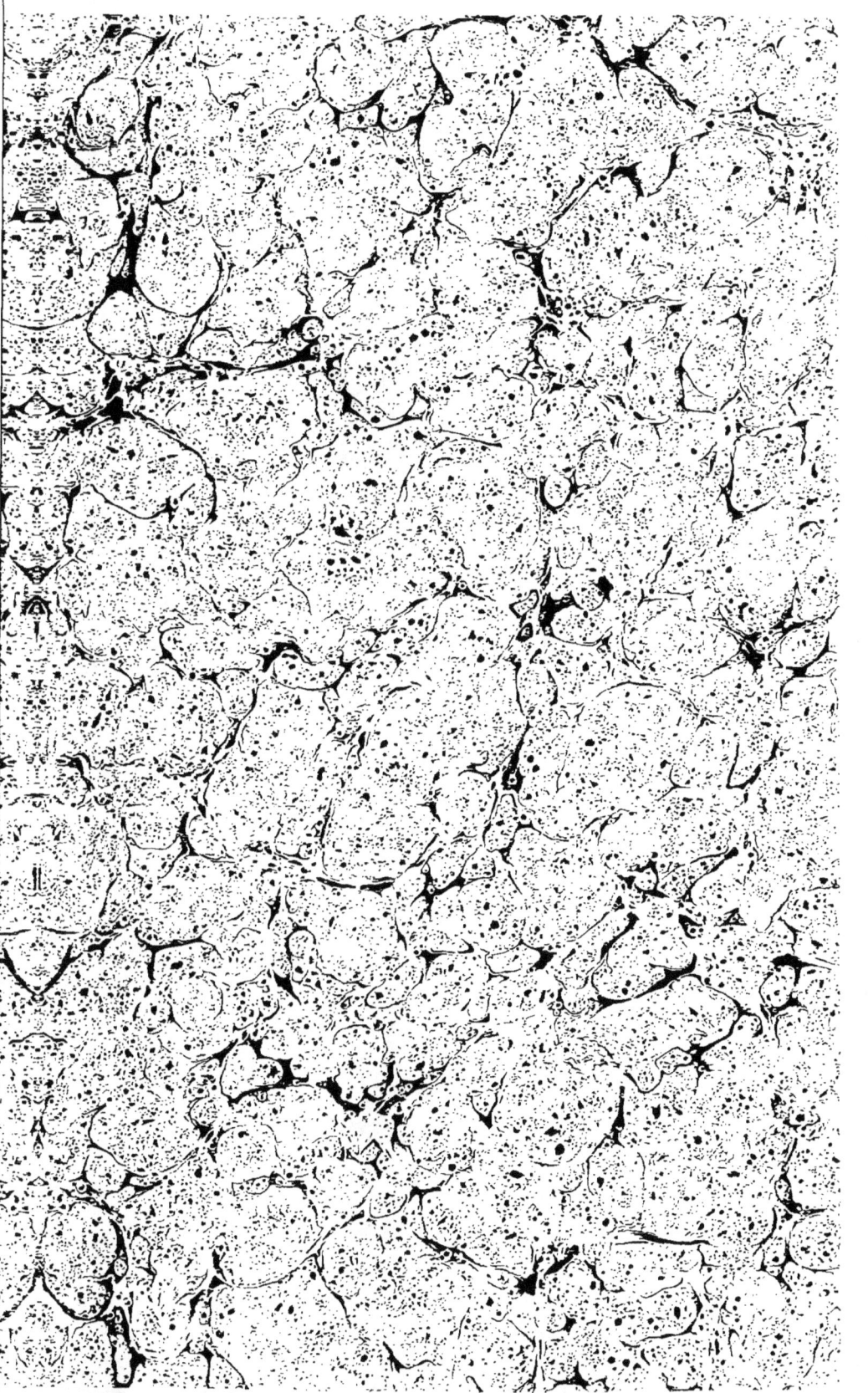

COLLECTION MICHEL LÉVY

BALZAC

ET SES ŒUVRES

OUVRAGES

DE

A. DE LAMARTINE

PUBLIÉS DANS LA COLLECTION MICHEL LÉVY

Antar	1 vol.
Balzac et ses œuvres	1 —
Benvenuto Cellini	1 —
Bossuet	1 —
Christophe Colomb	1 —
Cicéron	1 —
Les Confidences	1 —
Cromwell	1 —
Fénelon	1 —
Geneviève, Histoire d'une servante	1 —
Graziella	1 —
Guillaume Tell	1 —
Héloïse et Abélard	1 —
Homère et Socrate	1 —
Jacquard	1 —
Jeanne d'Arc	1 —
J.-J. Rousseau	1 —
Madame de Sévigné	1 —
Nelson	1 —
Nouvelles Confidences	1 —
Régina	1 —
Rustem	1 —
Toussaint-Louverture	1 —
Vie du Tasse	1 —

BALZAC

ET SES ŒUVRES

PAR

A. DE LAMARTINE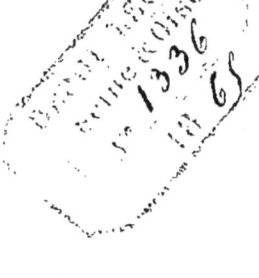

PARIS
MICHEL LÉVY FRÈRES, LIBRAIRES ÉDITEURS
RUE VIVIENNE, 2 BIS, ET BOULEVARD DES ITALIENS, 15
A LA LIBRAIRIE NOUVELLE

—

1866

Tous droits réservés

BALZAC

ET SES ŒUVRES

I

Balzac ! — Voilà un nom de vrai grand homme ! — Un grand homme fait par la nature, et non par la volonté! — « Je suis un homme, disait-il, je puis avoir un jour autre chose que l'illustration littéraire : ajouter au titre de grand écrivain celui de *grand citoyen*, est une ambition qui peut tenter aussi !... » (Lettre à sa sœur et confidente, madame de Surville, en 1820.)

Balzac était digne de se comprendre ainsi lui-même et de se mesurer tout entier devant

Dieu et devant sa sœur en 1820 ; il avait tout en lui : grandeur de génie et grandeur morale, immense aristocratie de talent, immense variété d'aptitudes, universalité de sentiment de soi-même, exquise délicatesse d'impressions, bonté de femme, vertu mâle dans l'imagination, rêves d'un dieu toujours prêts à décevoir l'homme... tout enfin, excepté la proportion de l'idéal au réel ! Tous ses malheurs, et ils furent grands comme son caractère, ont tenu à cet excès de grandeur dans son génie ; ils dépassaient, non pas son esprit infini et universel, mais ils dépassaient le possible ici-bas : voilà la cause fatale et organique de ses coups d'ailes et de ses chutes. C'était un aigle qui n'avait pas dans sa prunelle la mesure de son vol.

Mettez la fortune de Bonaparte dans la destinée de Balzac, il eût été complet ; car il aurait pu ce qu'il imaginait !

« Le réel est étroit, le possible est immense ! » ai-je dit moi-même dans un autre temps.

Un esprit gigantesque contrarié et taquiné par une mesquine fortune, voilà l'exacte définition de ce malheureux grand homme.

C'est à nous d'oser le dire, nous qui avons eu le bonheur triste de vivre côte à côte avec lui de son temps, et qui ne devons pas avoir la lâcheté d'attribuer à cet homme unique les torts de la fortune.

Ce n'est pas de l'auteur que je parle ainsi, c'est de l'homme : l'homme en lui était mille fois plus vaste que l'écrivain. L'écrivain écrit, l'homme sent et pense. C'est par ce qu'il a senti et pensé que j'ai toujours jugé Balzac.

II

La première fois que je le vis, c'était en 1833 ; j'avais toujours vécu hors de France, et encore plus loin de ce monde (du demi-monde littéraire dont parle le grand fils du grand Alexandre Dumas). Je ne connaissais que les noms classiques de notre littérature, et encore très-peu, excepté *Hugo, Sainte-Beuve, Chateaubriand, Lamennais, Nodier*, et en grands orateurs, *Lainé, Royer-Collard ;* toutes les péripéties des demi-fortunes qui s'agitaient dans la région militante, théâtrale ou romanesque de Paris, m'étaient étrangères : je n'avais pas approché une coulisse, je n'avais pas lu un roman, excepté *Notre-*

Dame de Paris. Je savais seulement qu'il existait un jeune écrivain du nom de Balzac; qu'il annonçait une originalité saine; qu'il lutterait bientôt avec l'abbé *Prévôt*, l'auteur des *Mémoires d'un homme de qualité*, du *Doyen de Killerine* et de *Manon Lescaut*, ce roman de mauvais aloi dont les critiques du moment réchauffaient la verve suspecte. Effacer de l'âme humaine l'honneur et la vertu, comme dans le chevalier Des Grieux, ce n'est pas élever le monde et l'amour, c'est les abaisser et les rétrécir; Manon Lescaut, malgré l'enjouement de ses jeunes enthousiastes, vrais ou faux, ne me paraissait qu'un *Manuel* de courtisane, et son amant qu'un monomane de débauche qu'on ne peut plaindre qu'en consentant à le mépriser.

Cependant il m'était tombé par aventure sous la main une page ou deux de Balzac, où l'énergie de la vérité et la grandeur de l'accent m'avaient ému fortement. Je m'étais dit : « Un homme est né; si l'opinion le comprend et si l'adversité ne l'effeuille pas dans le ruisseau de la rue de Paris, ce sera un jour un grand homme ! »

III

Peu de temps après, je le rencontrai à dîner, en très-petit comité, dans une de ces maisons neutres de Paris, où se rencontraient alors, comme dans un lieu d'asile de l'antiquité, les esprits indépendants de toute nuance. C'était chez un homme de ce caractère qui créait en ce temps-là la *Presse*. La *Presse*, œuvre de M. Émile de Girardin, en se moquant avec un immense talent des fausses passions et des lieux-communs d'opposition banale, promettait un nouvel organe où M. Émile de Girardin en politique, madame Émile de Girardin en sel attique, donnaient à ce journal un double succès d'enthousiasme. Ils créaient à eux deux l'*individualité*, cette force inconnue dont se composent, au bout d'un certain temps, toutes les forces collectives d'un pays, force qu'on commence par railler et qu'on finit par subir. Il y faut, il est vrai, un grand et double talent, une audace intrépide dans l'homme, une originalité éblouissante dans la femme. Comment ce jeune homme et cette jeune femme s'étaient-ils rencontrés et s'étaient-ils unis pour cette œuvre? C'était un miracle de l'amour, du hasard et du destin. Ce miracle était accompli, et triomphait sans contestation dans l'homme et dans la femme. Je l'avais vu naître quelques années avant, dans un petit entresol de la rue *Gaillon*. Je l'avais vu croître, puis je l'avais vu s'accomplir. Rentré en France quelques années après, j'en jouissais par une vive et sincère amitié pour le mari et pour la femme.

L'esprit chez tous les deux était héréditaire : le père de M. de Girardin était l'*excentricité transcendante*, le *gentilhomme* à grandes idées et à grands projets à tout prix, le radical de l'imagination. J'ai été très-lié avec lui, sans pitié pour son radicalisme, qui n'est pas de ce monde, et qui n'est bon qu'en songe sur cette terre des réalités. Il me faisait admirer et sourire. Dans les premiers mois de la république, il m'apportait plus de plans de finances qu'un gouvernement en fusion ne pouvait en entendre et en écarter. Il faut du loisir et de la sécurité à longue échéance pour jouer avec les rêves. Entre deux rêves on jette son pays dans l'abîme ou dans le problème qu'on n'a pas le temps de résoudre. Il y a un peu de cela de temps en temps dans le fils, sauf le talent, qui est neuf et immense. Mais celui qui n'a pas connu le père ne peut pas comprendre le fils. Il lui fallait, pour comprendre sa valeur, un gouvernement dictatorial assis sur la popularité d'un nom indiscutable et pouvant tout oser.

Madame Émile de Girardin, fille de madame Gay, qui l'avait élevée pour lui succéder sur deux trônes, l'un de beauté, l'autre d'esprit, avait hérité, de plus, de la bonté qui fait aimer ce qu'on admire. Ces trois dons, beauté, esprit, bonté, en avaient fait la reine du siècle. On pouvait plus ou moins l'admirer comme poëte, mais, si on la connaissait à fond, il était impossible de ne pas l'aimer comme femme. Elle a eu de la passion, mais point de haine. Ses foudres n'étaient que de l'électricité; ses imprécations contre les ennemis de son mari n'étaient que de la colère; cela passait avec l'orage. Il faisait toujours beau dans sa belle âme, ses jours de haine n'avaient pas de lendemain.

Elle avait des sœurs tout aussi distinguées, quoique moins célèbres, qui avaient moins de poésie, mais autant d'esprit anecdotique qu'elle-même. L'une d'entre elles, madame O'Donnel, passait pour lui fournir son répertoire le plus piquant, quand elle entreprit son chef-d'œuvre *de prose*, le feuilleton de la *Presse*, qui contribua tant à sa popularité.

Avant, pendant, après, j'étais resté son ami *quand même*, je lui devais bien cette constance d'affection, et celle qu'elle avait pour moi, bien que désintéressée, méritait l'immutabilité d'une reconnaissance surnaturelle. Tous les jours, quand je passe triste devant cette place vide des Champs-Élysées, où fut sa maison, plus semblable à un temple démoli par la mort, je pâlis, et mes regards s'élèvent en haut. On ne rencontre pas souvent ici-bas un cœur si bon et une intelligence si vaste.

Elle savait mon désir de connaître Balzac. Elle l'aimait, comme j'étais disposé à l'aimer moi-même. Nul cœur et nul esprit n'était plus façonné pour lui plaire. Elle se sentait à l'unisson avec lui, soit par la gaîté avec sa jovialité, soit par le sérieux avec sa tristesse, soit par l'imagination avec son talent. Lui aussi sentait en elle une créature de grande race, auprès de laquelle il oubliait toutes les mesquineries de sa condition misérable.

IV

Quand j'arrivai très-tard, retenu que j'avais été par une discussion à la chambre, j'oubliai tout moi-même pour contempler Balzac. Il n'avait rien d'un homme de ce siècle. On aurait cru en le voyant qu'on avait changé d'époque et qu'on était introduit dans la société d'un de ces deux ou trois hommes naturellement immortels, dont Louis XIV était le centre, et qui se trouvaient chez lui comme chez eux, à son niveau quoique sans s'élever ou sans s'abaisser du leur : — La Bruyère, — Boileau, — La Rochefoucauld, — Racine, — et surtout Molière; — il portait son génie si simplement qu'il ne le sentait pas. Mon premier coup d'œil sur lui me reporta à ces hommes. Je me dis : Voilà un homme né il y a deux siècles ; — examinons-le bien.

V

Balzac était debout devant la cheminée de marbre de ce cher salon, où j'avais vu passer et poser tant d'hommes ou de femmes remarquables. Il n'était pas grand, bien que le rayonnement de son visage et la mobilité de sa stature empêchaient de s'apercevoir de sa taille; mais cette taille ondoyait comme sa pensée; entre le sol et lui il semblait y avoir de la marge; tantôt il se baissait jusqu'à terre comme pour ramasser une gerbe d'idées, tantôt il se redressait sur la pointe des pieds pour suivre le vol de sa pensée jusqu'à l'infini.

Il ne s'interrompit pas plus d'une minute pour moi; il était emporté par sa conversation avec M. et madame de Girardin. Il me jeta un regard vif, pressé, gracieux, d'une extrême bienveillance. Je m'approchai pour lui serrer la main, je vis que nous nous comprenions sans phrase, et tout fut dit entre nous; il était lancé, il n'avait pas le temps de s'arrêter. Je m'assis, et il continua son monologue comme si ma présence l'eût ranimé au lieu de l'interrompre. L'attention que je prêtais à sa parole me donnait le temps d'observer sa personne dans son éternelle ondulation.

Il était gros, épais, carré par la base et les épaules; le cou, la poitrine, le corps, les cuisses, les membres puissants; beaucoup de l'ampleur de Mirabeau, mais nulle lourdeur; il y avait tant d'âme qu'elle portait tout cela légèrement, gaîment, comme une enveloppe souple, et nullement comme un fardeau; ce poids semblait lui donner de la force et non lui en retirer. Ses bras courts gesticulaient avec aisance, il causait comme un orateur parle. Sa voix était retentissante de l'énergie un peu sauvage de ses poumons, mais elle n'avait ni rudesse, ni ironie, ni colère; ses jambes, sur lesquelles il se dandinait un peu, portaient lestement son buste; ses mains grasses et larges exprimaient en s'agitant toute sa pensée. Tel était l'homme dans sa robuste charpente. Mais en face du visage on ne pensait plus à la charpente. Cette parlante figure, dont on ne pouvait détacher ses regards, vous charmait et vous fascinait tout entier. Les cheveux flottaient sur ce front en grandes boucles, les yeux noirs perçaient comme des dards émoussés par la bienveillance; ils entraient en confidence dans les vôtres comme des amis; les joues étaient pleines, roses, d'un teint fortement coloré; le nez bien modelé, quoique un peu long; les lèvres découpées avec grâce, mais amples, relevées par les coins; les dents inégales, ébréchées, noircies par la fumée de cigare; la tête souvent penchée de côté sur le cou, et se relevant avec une fierté héroïque en s'animant dans le discours. Mais le trait dominant du visage, plus même que l'intelligence, était la bonté communicative. Il vous ravissait l'esprit quand il parlait, même en se taisant il vous ravissait le cœur. Aucune passion de haine ou d'envie n'aurait pu être exprimée par cette physionomie : il lui aurait été impossible de n'être pas bon.

Mais ce n'était pas une bonté d'indifférence ou d'insouciance, comme dans le visage épicurien de La Fontaine, c'était une bonté aimante, charmante, intelligente d'elle-même et des autres, qui inspirait la reconnaissance et l'épanchement du cœur devant lui, et qui défiait de ne pas l'aimer. Tel était exactement Balzac. Je l'aimais déjà quand nous nous mîmes à table. Il me sembla que je le connaissais depuis mon enfance : il me rappelait ces aimables curés de campagne de l'ancien régime, avec quelques boucles de cheveux sur le cou, et toute la charité joviale du christianisme sur les lèvres. Un enfantillage réjoui, c'était le caractère de cette figure; une âme en vacances, quand il laissait la plume pour s'oublier avec ses amis; il était impossible de n'être pas gai avec lui. Sa sérénité enfantine regardait le monde de si haut qu'il ne lui paraissait plus qu'un badinage, une bulle de savon, causée par la fantaisie d'un enfant.

VI

Mais je vis quelques années plus tard, dans une autre maison et dans une autre circonstance, combien ce qui était sérieux lui inspirait de gravité, et combien sa conscience lui inspirait de répulsion contre le mal. C'était un de ces moments où les partis politiques, exaspérés par la lutte, se demandent s'ils peuvent en conscience répondre aux partis contraires par les armes qu'on emploie contre eux, et profiter de leur victoire pour tuer ceux qui les tuent. Nous n'étions qu'un cénacle composé de sept ou huit personnes. La colère emporta la majorité à jeter un voile sur les scrupules d'humanité et à laisser condamner sans merci ceux que la victoire aurait livrés à notre juste vengeance. La doctrine de l'implacabilité du salut public paraissait prête à triompher. Balzac écoutait d'un air attristé. Les hommes légers affectaient l'indifférence; des gestes tranchants et superbes dédaignaient ces faiblesses; le silence des autres trahissait la complicité de la peur. Il y avait là Balzac, étranger à ces sortes d'entretiens, Girardin, Hugo. Personne ne demandant immédiatement la parole, Balzac la prit avec la physionomie d'une timidité honnête et résolue qui impressionna tout le monde. Il parla en homme ferme, généreux, convaincu, contre les propos légers qu'il venait d'entendre; il refoula éloquemment ces mauvaises pensées dans la bouche de ceux qui venaient de les laisser échapper. Je pris la parole après lui; Girardin, qui n'a jamais eu de radicalisme contre la clémence, nous appuya; Hugo lui-même, Girardin, moi, nous étions des orateurs politiques accoutumés à ces sortes de discussions; Balzac y était neuf, il pouvait se croire seul et abandonné; il n'écouta que sa conscience et parla en homme de bien quand même. Son langage ému nous émut tous et nous ne fîmes, nous, qu'applaudir et confirmer ses raisons : « Que m'importe ce que vous penserez de moi! nous dit-il; la cause de la vie des hommes est une cause surhumaine. C'est Dieu qui juge, son jugement n'est pas remis à nos passions; vous le savez, vous qui avez proclamé et décrété vous-mêmes, le 1ᵉʳ juin, l'abolition de l'échafaud politique, décréterez-vous aujourd'hui la légitimité de la vengeance populaire? »

Tout le monde finit par être de son avis : la conscience d'un écrivain de génie intimide les sots, foudroie les méchants, rassure les lâches; c'est ce que Balzac trahit à mes yeux. Combien de jovialité apparente cachait de sérieuses et difficiles vertus! Il faut se défier des hommes de conscience.

VII

Le sculpteur *David*, homme de grande main, mais d'intelligence systématique, avait fait de moi-même un magnifique buste, possédé depuis par M. *Millaud* ; il décore un de ses salons. David fit plus tard un buste de Balzac. Mais ce sculpteur, à cette seconde époque, avait confondu dans ses œuvres la matière avec l'âme. Il cherchait dans la masse corporelle le symptôme et l'indice de l'intelligence. Il grossissait l'homme au lieu de le grandir. La *proportion* et l'*harmonie* sont les signes de la vraie supériorité ; Gœthe, Chateaubriand, Hugo, Balzac, devenaient sous le ciseau de *David* des éléphants humains dignes de l'Inde; la finesse et la délicatesse des lignes disparaissaient sous cette exagération colossale. Chaque ride de la figure était un abîme creusé par la pensée. Ce matérialisme des lignes nuisait à la vérité et à la ressemblance. Les têtes de taureaux ne sont pas des têtes d'aigles. Voyez le crâne de Raphaël dans le moyen-âge; voyez le crâne exquis mais étroit de Voltaire dans le dernier siècle; ces deux hommes, doués des plus merveilleuses facultés de l'intelligence, seraient des idiots si vous compariez la petitesse de l'organe de leur pensée à la masse tudesque des têtes de *David*. La lourdeur allemande des cerveaux indique la pesanteur et nullement la perfection de la pensée. Le matérialisme de son procédé a trompé en ceci le sculpteur, comme il trompe aujourd'hui ses imitateurs. Heureusement il ne l'avait pas encore inventé quand il ébaucha, en 1821, ma figure.

VIII

La sœur de Balzac parle ainsi :

« On le trouvait toujours chez lui vêtu d'une large robe de chambre de cachemire blanc doublée de soie blanche, taillée comme celle d'un moine, attachée par une cordelière de soie, la tête couverte de cette calotte dantesque de velours noir adoptée dans sa mansarde, qu'il porta toujours depuis et que ma mère seule lui faisait.

» Selon les heures où il sortait, sa mise était fort négligée ou fort soignée. Si on le rencontrait le matin, fatigué par douze heures de travail, courant aux imprimeries, un vieux chapeau rabattu sur les yeux, ses admirables mains cachées sous des gants grossiers, les pieds chaussés de souliers à hauts quartiers passés sur un large pantalon à plis et à pieds, il pouvait être confondu dans la foule ; mais s'il découvrait son front, vous regardait ou vous parlait, l'homme le plus vulgaire se souvenait de lui.

» Son intelligence, si constamment exercée, avait encore développé ce front naturellement vaste, qui recevait tant de lumières ! cette intelligence se trahissait à ses premiers mots et jusque dans ses gestes ! Un peintre aurait pu étudier sur ce visage si mobile les expressions de tous les sentiments : joie, peine, énergie, découragement, ironie, espérances ou déceptions, il reflétait toutes les situations de l'âme.

» Il triomphait de la vulgarité que donne l'embonpoint par des manières et des gestes empreints d'une grâce et d'une distinction natives.

» Sa chevelure, dont il variait souvent l'arrangement, était toujours artistique, de quelque manière qu'il la portât.

» Un ciseau immortel a laissé ses traits à la postérité. Le buste que David a fait de mon frère, alors âgé de quarante-quatre ans, a reproduit fidèlement son beau front, cette magnifique chevelure, indice de sa force physique égale à sa force morale, l'enchâssement merveilleux de ses yeux, les lignes si fines de ce nez carré, de cette bouche aux contours sinueux où la bonhomie s'alliait à la raillerie, ce menton qui achevait l'ovale si pur de son visage avant que l'embonpoint en eût altéré l'harmonie. Mais le marbre n'a pu malheureusement conserver le feu de ces flambeaux de l'intelligence, de ces yeux aux prunelles brunes pailletées d'or comme celle du lynx.

» Ces yeux interrogeaient et répondaient sans le secours de la parole, voyaient les idées, les sentiments, et lançaient des jets qui semblaient sortir d'un foyer intérieur et renvoyer au jour la lumière au lieu de la recevoir. »

Les amis de Balzac reconnaîtront la vérité de ces lignes, que ceux qui ne l'auront pas connu pourront taxer d'exagération. »

IX

Étudions l'homme dans sa vie :
Il était né à Tours en 1799.
On le mit en nourrice chez une paysanne aux environs de la ville.
La maison paternelle ne le rappela que quatre ans après. Il y revint fortement enraciné dans la vie.
« C'était un charmant enfant, dit sa sœur ; sa joyeuse humeur, sa bouche bien dessinée et souriante, ses grands yeux bruns, à la fois brillants et doux, son front élevé, sa riche chevelure noire, le faisaient remarquer dans les promenades où l'on nous conduisait tous les deux.

» La famille réagit tellement sur le caractère des enfants et exerce de si grandes influences sur leur sort, que quelques détails sur nos parents me paraissent ici nécessaires ; ils expliqueront d'ailleurs les premiers événements de la jeunesse de mon frère. »

Madame de Surville parle ainsi de son père :

« Mon père, né en Languedoc en 1746, était avocat au conseil sous Louis XVI. Sa profession le mit en relation avec les notabilités d'alors et avec des hommes que la Révolution fit surgir et rendit célèbres.

» Ces circonstances lui permirent, en 1793, de sauver plus d'un de ses anciens protecteurs et de ses anciens amis. Ces services dangereux l'exposèrent, et un conventionnel très-influent, qui s'intéressait au *citoyen Balzac*, se hâta de l'éloigner du souvenir de Robespierre en l'envoyant dans le Nord organiser le service des vivres de l'armée.

» Ainsi jeté dans l'administration de la guerre, mon père y resta, et il était chargé des subsistances de la vingt-deuxième division militaire, lorsqu'il épousa à Paris, en 1796, la fille d'un de ses chefs, en même temps directeur des hôpitaux de Paris.

» Mon père vécut dix-neuf ans à Tours, où il

acheta une maison et des propriétés près de la ville. Après dix ans de séjour, on parla de le nommer maire, mais il refusa cet honneur pour ne pas abandonner la direction du grand hôpital dont il s'était chargé. Il craignit de manquer de temps pour bien remplir ces triples fonctions.

» Mon père tenait à la fois de Montaigne, de Rabelais et de l'oncle Toby par sa philosophie, son originalité et sa bonté. Comme l'oncle Toby, il avait aussi une idée prédominante. Cette idée chez lui était *la santé*. Il s'arrangeait si bien de l'existence, qu'il voulait vivre le plus longtemps possible. Il avait calculé, d'après les années qu'il faut à l'homme pour arriver à *l'état parfait*, que sa vie devait aller à cent ans *et plus*; pour atteindre *le plus*, il prenait des soins extraordinaires et veillait sans cesse à établir ce qu'il appelait *l'équilibre des forces vitales*. Grand travail, vraiment !...

» Sa tendresse paternelle augmentait encore ce désir *de longévité*. A quarante-cinq ans, n'étant pas marié et ne comptant pas se marier, il avait placé une bonne partie de sa fortune en viager, moitié sur le grand-livre, moitié sur la caisse Lafarge, qu'on fondait alors et dont il était un des plus forts actionnaires. (Il touchait en 1829, quand il mourut par accident, à l'âge de quatre-vingt-trois ans, douze mille francs d'intérêt.)

» La réduction des rentes, les gaspillages qui eurent lieu dans l'administration de la tontine, diminuèrent ses revenus ; mais sa belle et verte vieillesse lui donna l'espoir de partager un jour avec l'État, à l'extinction des concurrents de sa classe, l'immense capital de la tontine; ce qui eût grandement réparé le tort qu'il avait fait à sa famille. Cet espoir passa tellement chez lui à l'état de conviction, qu'il recommandait sans cesse aux siens de conserver leur santé pour jouir des millions qu'il leur laisserait.

» Cette conviction, que chacun entretenait, le rendait heureux et le consola dans les revers de fortune qui l'atteignirent à la fin de sa vie.

» — Lafarge réparera tout un jour, disait-il.

» Son originalité, devenue proverbiale à Tours, se manifestait aussi bien dans ses discours que dans ses actions; il ne faisait et ne disait rien comme un autre; Hoffmann en eût fait un personnage de ses créations fantastiques. Mon père se moquait souvent des hommes, qu'il accusait de travailler sans cesse à leur malheur; il ne pouvait rencontrer un être disgracié sans s'indigner contre les parents et surtout contre les gouvernants qui n'apportaient pas autant de soins à l'amélioration de la race humaine qu'à celle des animaux. Il avait, sur ce sujet fort scabreux de singulières théories qu'il déduisait non moins singulièrement...

» — Mais à quoi bon publier ces idées? disait-il en se promenant par la chambre dans sa douillette de soie puce, et la tête enfoncée dans la grosse cravate qu'il avait conservée de la mode du Directoire; on m'appellerait encore original (ce titre le courrouçait), et il n'y aurait pas un être étiolé ni un rachitique de moins! Excepté Cervantes, qui donna le coup de grâce à la chevalerie errante, quel philosophe a jamais corrigé l'humanité, *cette patraque* toujours jeune, toujours vieille, qui va toujours... heureusement pour nous et nos successeurs! ajoutait-il en souriant.

» Il ne raillait toutefois l'humanité que lorsqu'il ne pouvait lui venir en aide, il le prouva en mainte occasion. Des épidémies se déclarèrent à plusieurs reprises à l'hospice, notamment lorsque les soldats l'encombrèrent en revenant d'Espagne : mon père s'installait alors dans l'hôpital, et, oubliant sa santé pour veiller au salut de tous, il déployait un zèle qui était pour lui du dévoûment. Il détruisit beaucoup d'abus sans redouter les inimitiés que ce genre de courage attire, et introduisit de grandes améliorations dans cet hôpital, entre autres des ateliers de travail pour les vieillards valides à qui il fit allouer un salaire.

» Sa mémoire, son esprit d'observation et de repartie, n'étaient pas moins remarquables que son originalité ; il se souvenait, à vingt ans de distance, de paroles qu'on lui avait dites. A soixante-dix ans, rencontrant inopinément un ami d'enfance, il s'entretint avec lui, sans aucune hésitation, dans l'idiome de son pays, où il n'était pas retourné depuis l'âge de quatorze ans !

» Ses fines remarques lui firent plus d'une fois prédire les succès ou les désastres de gens qu'on appréciait bien autrement qu'il ne les jugeait ; le temps lui donna souvent raison dans ses prophéties !

» Les répliques, enfin, ne lui faisaient jamais défaut en aucune occurrence.

» Un jour qu'on lisait dans un journal un article sur un centenaire (article qu'on ne passait pas, comme on peut croire), contre son habitude, il interrompit le lecteur pour dire avec enthousiasme :

» — Celui-là a vécu sagement et n'a pas gaspillé ses forces en toute sorte d'excès, comme le fait l'imprudente jeunesse...

» Il se trouva que ce sage se grisait souvent, au contraire, et soupait tous les soirs, une des plus grandes énormités que l'on pût commettre contre sa santé (selon mon père).

» — Eh bien! reprit-il sans s'émouvoir, cet homme a abrégé sa vie, voilà tout!...

» Quand Honoré fut d'âge à comprendre et à apprécier son père, c'était un beau vieillard, fort énergique encore, aux manières courtoises, parlant peu et rarement de lui, indulgent pour la jeunesse qui lui était sympathique, laissant à tous une liberté qu'il voulait pour lui, d'un jugement sain et droit, malgré ses excentricités, d'une humeur si égale et d'un caractère si doux qu'il rendait heureux tous ceux qui l'entouraient.

» Sa haute instruction lui faisait suivre avec bonheur les progrès des sciences et les améliorations sociales, dont, à leur début, il comprenait l'avenir!

» Ses graves entretiens, ses curieux récits, avancèrent son fils dans la science de la vie et lui fournirent le sujet de plus d'un de ses livres.

» Ma mère, riche, belle, et beaucoup plus jeune que son mari, avait une rare vivacité d'esprit et d'imagination, une activité infatigable, une grande fermeté de décision et un dévoûment sans bornes pour les siens. Son amour pour ses enfants planait sans cesse sur eux, mais elle l'exprimait plutôt par des actions que par des paroles. Sa vie entière prouva cet amour ; elle s'oublia sans cesse pour nous, et cet oubli lui fit connaître l'infortune, qu'elle supporta courageusement. Sa dernière et plus cruelle épreuve fut, à l'âge de soixante-douze ans, de survivre à son glorieux fils et de l'assister dans ses derniers moments; elle pria pour lui à son lit de mort, soutenue par la foi religieuse qui remplaçait toutes ses espérances terrestres par celles du ciel.

» Ceux qui ont connu mon père et ma mère attesteront la fidélité de ces esquisses. Les qualités de l'auteur de LA COMÉDIE HUMAINE sont certainement la conséquence logique de celles de ses parents; il avait l'originalité, la mémoire, l'esprit d'observation et le jugement de son père, l'imagination, l'activité de sa mère, de tous les deux, enfin, l'énergie et la bonté.

» Honoré était l'aîné de deux sœurs et d'un frère. Notre sœur cadette mourut jeune, après cinq années de mariage. Notre frère partit pour les colonies, où il se maria et resta.

» A la naissance d'Honoré, tout faisait présager pour lui un bel avenir. La fortune de notre mère, celle de notre aïeule maternelle qui vint vivre avec sa fille dès qu'elle fut veuve, les émoluments et les rentes viagères de mon père, composaient une grande existence à notre famille.

» Ma mère se consacra exclusivement à notre éducation et se crut obligée d'user de sévérité envers nous pour neutraliser les effets de l'indulgence de notre père et de notre aïeule. Cette sévérité comprima les tendres expansions d'Honoré, à qui l'âge et la gravité de son père inspiraient aussi la réserve. Cet état de choses tourna au profit de l'affection fraternelle; ce fut certainement le premier sentiment qui s'épanouit et fleurit dans son cœur. J'étais de deux ans seulement plus jeune qu'Honoré, et dans la même situation que lui vis-à-vis de nos parents; élevés ensemble, nous nous aimâmes tendrement; les souvenirs de sa tendresse datent de loin. Je n'ai pas oublié avec quelle vélocité il accourait à moi pour m'éviter de rouler les trois marches hautes, inégales et sans rampes qui conduisaient de la chambre de notre nourrice dans le jardin ! Sa touchante protection continua au logis paternel, où plus d'une fois il se laissa punir pour moi, sans trahir ma culpabilité. Quand j'arrivais à temps pour m'accuser : « N'avoue donc rien une autre fois, me disait-il, j'aime à être grondé pour toi ! » On se souvient toujours de ces naïfs dévoûments.

» D'heureuses circonstances protégèrent encore notre affection. Nous vécûmes toujours l'un près de l'autre dans une intimité et une confiance sans bornes. Je connus donc en tout temps les joies et les peines de mon frère, et j'eus toujours le doux privilége de le consoler : certitude qui fait aujourd'hui ma joie.

» Le plus grand événement de son enfance fut un voyage à Paris, où ma mère le conduisit en 1804, pour le présenter à ses grands parents. Ils raffolèrent de leur joli petit-fils, qu'ils comblèrent de caresses et de présents.

» Peu habitué à être fêté ainsi, Honoré revint à Tours la tête pleine de joyeux souvenirs, le cœur rempli d'affection pour ces chers grands parents dont il me parlait sans cesse, les décrivant de son mieux, ainsi que leur maison, leur beau jardin, sans oublier *Mouche*, le gros chien de garde avec lequel il s'était lié intimement.

Ce séjour à Paris servit longtemps d'aliment à son imagination.

» Notre grand'mère aimait à raconter les faits et gestes de son petit-fils chez elle, et répétait volontiers cette petite scène :

» Un soir qu'elle avait fait venir pour lui la lanterne magique, Honoré, n'apercevant pas parmi les spectateurs son ami *Mouche*, se lève en criant d'un ton d'autorité : « Attendez !... » (Il se savait le maître chez son grand père.) Il sort du salon et rentre traînant le bon chien, à qui il dit : « Assieds-toi là, *Mouche*, et regarde ; ça ne te coûtera rien, c'est bon papa qui paye ! »

» Quelques mois après ce voyage, on changeait la veste de soie brune et la belle ceinture bleue du petit Honoré pour des vêtements de deuil. Son cher grand-père venait de mourir, frappé par une apoplexie foudroyante. Ce fut son premier chagrin ; il pleura bien fort quand on lui dit qu'il ne verrait plus son aïeul, et son souvenir lui resta tellement à l'esprit que, longtemps après ce jour néfaste, me voyant prise d'un malencontreux fou rire pendant une réprimande de notre mère, il s'approche de moi, et pour arrêter cette gaîté intempestive qui menaçait de tourner à mal, me dit à l'oreille d'un ton tragique :

» — Pense à la mort de ton grand-papa !

» Secours inefficace, hélas ! car je ne l'avais pas connu et ne comprenais pas encore la mort !

» On le voit, les seules paroles qu'on a retenues des premières années d'Honoré révélaient plutôt la bonté que l'esprit. Je me souviens néanmoins qu'il montrait déjà son imagination dans ces jeux de l'enfance que George Sand a si bien décrits dans ses *Mémoires*. Mon frère improvisait de petites comédies qui nous amusaient (succès que n'ont pas toujours les grandes); il écorchait pendant des heures entières les cordes d'un petit violon rouge, et sa physionomie radieuse prouvait qu'il croyait écouter des mélodies. Aussi était-il fort étonné quand je le suppliais de finir cette musique, qui eût fait hurler l'ami *Mouche*.

» — Tu n'entends donc pas comme c'est joli ? me disait-il.

» Il lisait enfin avec passion, comme la plupart des enfants, toutes ces féeries dont les catastrophes, plus ou moins dramatiques, les font tant pleurer ! Elles lui inspiraient sans doute d'autres contes, car à des babillages étourdissants succédaient quelquefois des silences qu'on n'expliquait que par la fatigue, mais qui pouvaient bien être déjà des rêveries dans des mondes imaginaires. »

X

Après un long séjour, sans vacances, dans un collége sévère et presque monastique où il ne se distingua que par sa paresse et son étourderie, il fut renvoyé sans espoir chez son père. Sa mère s'en chargea. Elle lui fit faire dans ce beau pays des promenades de santé qui lui profitèrent; la cathédrale gothique de Saint-Gatien rendit son imagination pittoresque. Sa mémoire le rendit religieux; la mémoire des enfants n'est qu'image. Il redoutait son père comme un implacable censeur étranger à ses impressions. Il aimait, mais il craignait sa mère comme une justice rigoureuse; il ne se révélait à aucun des deux.

A la fin de 1814, le père de Balzac fut nommé directeur des vivres à Paris. Son fils acheva de médiocres études dans un pensionnat de la rue Saint-Louis au Marais. Deux ans après il rentra définitivement dans la maison paternelle. Il suivit les cours de Sorbonne. MM. Villemain et Cousin lui inspirèrent ses premières admirations. Il prit sous eux le goût des livres. Il commença à en recueillir sur les quais.

XI

« Mon frère était fort occupé à cette époque, dit madame de Surville, car, indépendamment de son cours de droit et des travaux dont le chargeaient ses patrons, il avait encore à se préparer pour ses examens successifs; mais son activité, sa mémoire, sa facilité étaient telles, qu'il trouvait encore le temps d'achever ses soirées à la table de boston ou de whist de ma grand'mère, où cette douce et aimable femme lui faisait gagner, à force d'imprudences ou de distractions volontaires, l'argent qu'il consacrait à l'acquisition de ses livres. Il aima toujours ces jeux en mémoire d'elle; il s'y rappelait ses paroles, et un de ses gestes retrouvé lui semblait un bonheur arraché à la tombe !

» Mon frère nous accompagnait aussi quelquefois au bal ; mais, s'y étant laissé tomber malencontreusement, malgré les leçons qu'il recevait d'un maître de danse de l'Opéra, il renonça à la danse, tant le sourire des femmes qui suivit sa chute lui resta sur le cœur; il se promit alors de dominer la société autrement que par des grâces et des talents de salon, et devint seulement spectateur de ces fêtes dont plus tard il utilisa les souvenirs.

» A vingt et un ans, il avait terminé son droit et passé ses examens. Mon père lui confia les projets qu'il avait pour son avenir et qui eussent conduit Honoré à la fortune ; mais la fortune était alors le moindre de ses soucis.

» Mon père avait protégé jadis un homme qu'il avait retrouvé, en 1814, notaire à Paris. Celui-ci, reconnaissant et pour rendre au fils le service qu'il avait reçu du père, offrait de prendre Honoré dans son étude et de la lui laisser après quelques années de stage; la caution de mon père pour une partie de la charge, un beau mariage, des prélèvements successifs sur les brillants revenus de l'étude, auraient acquitté mon frère en peu d'années.

» Mais Balzac, courbé dix ans, peut-être, sur des contrats de vente, des contrats de mariage ou sur des inventaires!... lui qui aspirait secrètement à la gloire littéraire !

» Sa stupéfaction fut grande à cette révélation; il déclara nettement ses désirs, et ce fut au tour de notre père d'être stupéfait.

» Une vive discussion suivit. Honoré combattit éloquemment les puissantes raisons qu'on lui donnait, et ses regards, ses paroles, son accent, révélaient une telle vocation, que mon père lui accorda deux ans pour faire ses preuves de talent.

» Cette belle chance perdue explique la sévérité dont on usa envers lui et la rancune qu'il conserva contre le notariat, rancune qui perce dans quelques-unes de ses œuvres.

» Mon père ne céda pas, toutefois, aux désirs d'Honoré sans regrets; des événements fâcheux les augmentaient encore. Il venait d'être mis à la retraite et de subir des pertes d'argent dans deux entreprises. Enfin nous allions vivre dans une maison de campagne qu'il venait d'acheter à six lieues de Paris.

» Les chefs de famille comprendront les inquiétudes de nos parents en cette circonstance. Mon frère n'avait encore donné aucune preuve de talent littéraire, et il avait sa fortune à faire ; il était donc rationnel de désirer pour lui un état moins problématique que celui de littérateur ! Pour une vocation telle que celle d'Honoré, vocation qu'il justifia si grandement, que de médiocrités ont été jetées en des voies malheureuses par une semblable condescendance ! Aussi celle de mon père envers son fils fut-elle traitée de faiblesse et généralement blâmée par tous ceux qui s'intéressaient à nous.

» On allait faire perdre à mon frère un temps précieux ; l'état de littérateur pouvait-il, en aucun cas, mener à la fortune ? Honoré avait-il l'étoffe d'un homme de génie ? Tous en doutaient...

» Qu'eût-on dit à mon père, s'il eût mis ses amis dans la confidence des offres qui lui avaient été faites ?

» Un intime, un peu brusque et fort absolu, déclara que, pour lui, Honoré n'était bon qu'à faire un expéditionnaire ! Le malheureux *avait une belle main*, selon l'expression du maître d'écriture qu'on lui avait donné à sa sortie du collége.

» — A votre place, ajouta cet ami, je n'hésiterais pas à mettre Honoré dans quelque administration où, avec votre protection, il arriverait promptement à se suffire.

» Mon père jugeait alors son fils autrement que cet intime, et, ses théories aidant, il croyait à l'intelligence de ses enfants ; il se contenta donc de sourire à cette sortie, tint bon et passa outre.

» Il est à présumer que ses amis se séparèrent ce soir-là, en déplorant entre eux l'aveuglement paternel...

» Ma mère, moins confiante que son mari, pensa qu'un peu de misère ramènerait promptement Honoré à la soumission.

» Elle l'installa donc, avant notre départ de Paris, dans une mansarde qu'il choisit près de la bibliothèque de l'Arsenal, la seule qu'il ne connût pas et où il se proposait d'aller travailler ; elle meubla strictement sa chambre d'un lit, d'une table et de quelques chaises, et la pension qu'elle lui alloua pour y vivre n'eût certainement pas suffi à ses besoins les plus rigoureux, si notre mère n'eût pas laissé à Paris une vieille femme, attachée depuis vingt ans au service de la famille, qu'elle chargea de veiller sur lui. C'est cette femme qu'il appelle, dans ses lettres, l'*Iris messagère*.

» Passer subitement de l'intérieur d'une maison où il trouvait l'abondance à la solitude d'un grenier où tout bien-être lui manquait, certes la transition était dure ! Il ne se plaignit pas toutefois dans ce réduit, où il trouvait la liberté et portait de belles espérances que ses premières déceptions littéraires ne purent éteindre.

» C'est alors que commence cette correspondance conservée par tendresse et qui devint sitôt de chers et de précieux souvenirs.

» Je demande grâce pour les badinages familiers que contiennent les premiers fragments que je vais citer. Leur caractère intime appelle naturellement l'indulgence. Je n'ose les supprimer, parce qu'ils peignent merveilleusement le caractère primordial de mon frère, et que le développement successif d'une telle intelligence me semble intéressant à suivre.

» Dans sa première lettre, après avoir énuméré ses frais d'emménagement (détails qui n'étaient à autres fins que de prouver à notre mère qu'il manquait déjà d'argent), il me confie qu'il a pris un domestique.

» — Un domestique !... y penses-tu, mon frère ?

» — Oui, un domestique. Il a un nom aussi drôle que celui du docteur. Le sien s'appelle *Tranquille*, le mien s'appelle *Moi-même*. Mauvaise emplette, vraiment!... Moi-même est paresseux, maladroit, imprévoyant. Son maître a faim, a soif; il n'a quelquefois ni pain ni eau à lui offrir; il ne sait pas même le garantir contre le vent qui souffle à travers sa porte et sa fenêtre, comme Tulou dans sa flûte, mais moins agréablement.

» Suivent les réprimandes du maître au serviteur :

» — Moi-même?...

» — Plaît-il, monsieur?

» — Regardez cette toile d'araignée où cette grosse mouche pousse des cris à m'étourdir? Ces *moutons* qui se promènent sous le lit, cette poussière sur les vitres qui m'aveugle?...

» Le paresseux regarde et ne bouge pas! et, malgré tous ses défauts, je ne puis me séparer de cet inintelligent *Moi-même!*...

» Dans sa seconde lettre, il s'excuse de la première, que notre mère avait trouvée fort négligée :

« Dis à maman que je travaille tant, que vous écrire est mon délassement! Alors, sauf vot' respect et le mien, je vais, comme l'âne de Sancho, par les chemins broutant tout ce que je rencontre. Je ne fais pas un brouillon (fi donc! le cœur ne connaît pas les brouillons). Si je ne ponctue pas, si je ne relis pas, c'est pour que vous me relisiez et pensiez plus longtemps à moi ! Je jette ma plume aux bêtes, si ce n'est pas là une finesse de femme !...

» Vous saurez, mademoiselle, qu'on économise pour avoir ici un piano ; quand ma mère et toi vous viendrez me voir, vous en trouverez un. J'ai pris mes mesures, en reculant les murs il tiendra, et si mon propriétaire ne veut pas entendre à cette petite dépense, je l'ajouterai à l'acquisition du piano, et le *Songe de Rousseau* (morceau de Cramer fort à la mode alors) retentira dans ma mansarde, où le besoin de songes se fait généralement sentir »

» Que de travaux il médite !... des romans, des comédies, des opéras-comiques, des tragédies, sont sur la liste d'ouvrages à faire. Il ressemble à l'enfant qui a tant de paroles à dire qu'il ne sait par où commencer. C'est d'abord *Stella* et *Coqsigrue*, deux livres qui ne virent jamais le jour ! De tous ses projets de comédie de ce temps, je me souviens des *Deux Philosophes*, qu'il eût certainement repris à ses loisirs. Ces prétendus philosophes se moquaient l'un de l'autre, se querellaient sans cesse comme des amis (disait mon frère en racontant cette pièce).

» Ces philosophes, tout en méprisant les hochets de ce monde, se les disputaient sans pouvoir les obtenir, insuccès final qui les raccommodait et leur faisait maudire en commun la détestable engeance humaine !

» Pour laquelle de ces œuvres lui faut-il le Tacite de notre père, dont l'édition manque dans la bibliothèque de l'Arsenal ? Ce désir fait le sujet de sa troisième lettre.

» Il me faut absolument le Tacite de mon père ; il n'en a pas besoin, maintenant qu'il est dans la Chine ou dans la Bible !...

» Mon père, enthousiasmé des Chinois (peut-être à cause de leur longévité comme peuple), lisait alors les gros livres des jésuites missionnaires qui ont décrit la Chine les premiers ; il annotait aussi de précieuses éditions de la Bible qu'il possédait, livre qui, en tout temps, causa son admiration.

» Il ne te faut pas longtemps pour savoir où est la clef de la bibliothèque ! Papa n'est pas toujours chez lui, il se promène tous les jours et le farinier Godard est là pour m'apporter le Tacite !

» A propos, *Coqsigrue* dépasse présentement mes forces, il faut le ruminer et attendre pour l'écrire.

» Je n'aime pas, ma chère, tes travaux historiques et tes tableaux siècle par siècle. Pourquoi t'amuser (et le mot est mal choisi) à refaire l'ouvrage de Blair? Prends-le dans la bibliothèque, il ne doit pas être loin du Tacite, et apprends-le par cœur; mais à quoi bon ? Une jeune fille en sait assez quand elle ne *fricasse* pas Annibal avec César, ne prend pas le Trasimène pour un général d'armée, et *Pharsale* pour une dame romaine; lis Plutarque et deux ou trois livres de ce *calibre-là*, et tu seras *calée* pour toute ta vie, sans déroger à ton titre charmant de femme. Veux-tu donc devenir une savante? Fi !... fi !...

» J'ai fait cette nuit un rêve délicieux; je lisais Tacite que tu m'avais envoyé !...

» Talma joue maintenant Auguste dans *Cinna*. J'ai grand peur de ne pouvoir résister à l'aller voir; mais quelle folie !... mon estomac en tremble !...

» Les nouvelles de mon ménage sont désastreuses, les travaux nuisent à la propreté. Ce coquin de *Moi-même* se néglige de plus en plus. Il ne descend que tous les trois ou quatre jours pour les achats, va chez les marchands les plus voisins et les plus mal approvisionnés du quartier; les autres sont trop loin, et le garçon économise au moins ses pas; de sorte que ton frère (destiné à tant de célébrité) est déjà nourri absolument comme un grand homme, c'est-à-dire qu'il meurt de faim !

» Autre sinistre : le café fait d'affreux *gribouillis* par terre ; il faut beaucoup d'eau pour réparer le dégât ; or, l'eau ne montant pas naturellement dans ma *céleste* mansarde (elle y descend seulement les jours d'orage), il faudra aviser, après l'achat du piano, à l'établissement d'une machine hydraulique, si le café continue à s'enfuir, pendant que maître et serviteur bayent aux corneilles.

» Avec le Tacite, n'oublie pas de m'envoyer un couvre-pied ; si tu pouvais y joindre quelque *vieillissime* châle, il me serait bien utile. Tu ris ? C'est ce qui me manque dans mon costume nocturne. Il a fallu d'abord penser aux jambes, qui souffrent le plus du froid ; je les enveloppe du carrick tourangeau que Grogniart de *boustiquante* mémoire, *cousillonna*. (Grogniart était un petit tailleur de Tours, chargé jadis d'ajuster à la taille du fils les habits du père, et qui ne s'acquittait pas de ce travail à la satisfaction d'Honoré.)

» Le susdit carrick n'arrivant qu'à mi-corps, reste le haut, mal défendu contre la gelée, qui n'a que le toit et ma veste de molleton à traverser pour arriver à ma peau fraternelle, trop tendre, hélas! pour le supporter; de sorte que le froid *me pipe*.

» Quant à la tête, je compte sur une calotte *dantesque*, pour qu'elle puisse braver aussi l'aquilon. Ainsi équipé, j'habiterai fort agréablement mon palais!...

» Je finis cette lettre comme Caton finissait ses discours; il disait: Que Carthage soit détruite! Moi, je dis : Que le Tacite soit pris ! et je suis, chère historienne, de vos quatre pieds huit pouces, le très-humble serviteur. »

» Voici une lettre (d'août 1819) que je copie tout entière, après avoir préalablement donné les explications nécessaires pour la rendre intelligible.

» Mon père, pour épargner à son fils des froissements d'amour-propre en cas du non-succès de ses espérances, le disait absent de Paris. C'était d'ailleurs un moyen de le préserver de toute tentation mondaine.

« M. de Villers, dont il parle dans cette lettre, était un vieil ami de la famille, ancien abbé et comte de Lyon, retiré à Mogent, petit village situé près de l'Isle-Adam. Mon frère avait déjà fait plusieurs séjours chez lui; la spirituelle conversation de ce bon vieillard, ses curieuses anecdotes sur l'ancienne cour, où il avait obtenu de grands succès, les encouragements qu'il donnait à mon frère, dont il était le confident, avaient fait naître une telle affection entre eux qu'Honoré appelait plus tard l'Isle-Adam *son paradis inspirateur*.

« Tu veux des nouvelles, il faut que je les fasse; personne ne passe dans mon grenier, je ne peux donc te parler que de moi et t'envoyer autre chose que des fariboles; exemple :

» Le feu a pris rue Lesdiguières, n° 9, à la tête d'un pauvre garçon, et les pompiers n'ont pu l'éteindre. Il a été mis par une belle femme qu'il ne connaît pas : on dit qu'elle demeure aux Quatre-Nations, au bout du pont des Arts; elle s'appelle *la Gloire*.

» Le malheur est que le brûlé raisonne, et il se dit :

» Que j'aie ou non du génie, je me prépare dans les deux cas bien des chagrins!

» Sans génie, je suis flambé! il faudra passer la vie à sentir des désirs non satisfaits, de misérables jalousies, tristes peines!

» Si j'ai du génie, je serai persécuté, calomnié; je sais bien qu'alors mademoiselle la Gloire essuiera bien des pleurs!...

» Il serait temps encore de faire partie nulle

et de devenir un M. ***, qui juge tranquillement les autres sans les connaître, qui jure après les hommes d'État sans les comprendre, qui gagne au jeu, même en écartant les atouts, l'heureux homme ! et qui pourra bien un jour devenir député, parce qu'il est riche, l'homme parfait !

» Si je gagnais demain un quine à la loterie, j'aurais raison comme lui, quoi que je fasse ou dise ; mais n'ayant pas d'argent pour acheter cette espérance, je n'ai pas cette merveilleuse chance pour en imposer aux sots !... *Patraque d'humanité!...*

» Parlons plutôt de mes plaisirs ! J'ai fait hier un boston chez mes propriétaires, où, après avoir entassé misères sur piccolos et avoir eu des chances d'innocent (j'avais peut-être songé à M. ***), j'ai gagné... trois sols !...

» Maman va dire : « Allons, Honoré va devenir joueur ! » Point, mère, je veille sur mes passions.

» J'ai songé qu'après l'hiver laborieux que je viens de passer, quelques jours de campagne me seraient bien nécessaires !

» Non, maman, ce n'est pas pour fuir ma bonne vache enragée : j'aime ma vache ; mais quelqu'un près de vous vous dira que l'exercice et le grand air sont bien utiles à la santé de l'homme! Or donc, comme Honoré ne peut se montrer chez son père, pourquoi n'irait-il pas chez le bon M. de Villers, qui l'aime jusqu'à soutenir le pauvre rebelle?

» Une idée, mère! si vous lui écriviez pour arranger ce voyage? Allons, c'est comme si c'était fait; vous avez beau prendre votre air sévère, on sait que vous êtes bonne au fond, et l'on ne vous craint qu'à demi!

» Quand viendrez-vous me voir? boire mon café, manger des œufs *brouillés, accommodés* sur un plat que vous m'apporterez? car si je succombe à *Cinna*, il faudra renoncer à monter mon ménage et peut-être même au piano et à la machine hydraulique. »

DEMAIN

» Pas d'Iris encore! Se dérangerait-elle?... (Elle avait soixante-dix ans.) Je ne la vois jamais qu'à la volée et toujours si essoufflée qu'elle peut à peine me rendre compte du quart de ce que je voudrais savoir. Pensez-vous à moi autant que je pense à vous? Criez-vous quelquefois au whist ou au boston : « Honoré, où es-tu? » Je ne t'ai pas dit qu'avec l'incendie j'ai eu d'affreuses rages de dents. Elles ont été suivies d'une fluxion qui me rend présentement hideux.

» L'Iris messagère ne vient pas! J'achèverai demain cette lettre. »

» Qui dit : *Fais arracher?* Que diable! on tient à ses dents, et il faut mordre, d'ailleurs, quelquefois dans mon état, quand ce ne serait qu'au travail !

» J'entends le souffle de la déesse. »

XII

Son père alors avait perdu son emploi officiel; il n'avait de ressources que dans ses espérances; ses espérances problématiques ne reposaient que sur l'entreprise aléatoire et à longue échéance de la *tontine Lafarge* dont il était directeur. Il s'était retiré, après de longues et délicates contestations, dans une petite maison de campagne achetée non loin de Paris. Balzac commençait la vie par ce qu'il y a de plus difficile, gagner le moyen de vivre. Il avait quitté l'avoué et le notaire chez lesquels on l'avait placé : il n'y avait gagné que les connaissances techniques de législation pratique qui lui furent utiles plus tard dans ses ouvrages, et le profond dégoût de ces occupations mercenaires que sa belle imagination dédaignait; il commençait à penser à la gloire, premier et dernier rêve des grands cœurs.

XIII

Il conçut dans son grenier une tragédie de *Cromwell*; mais il n'était pas né poëte, le vers l'embarrassait : il succomba sous l'effort.

« Ah ! sœur, écrit-il, après l'épreuve d'une lecture sans succès, que j'ai de tourments ! Je ferai une pétition au pape pour la première niche de martyr vacante ! Je viens de découvrir à mon *régicide* un défaut de conformation et il fourmille de mauvais vers ! Je suis aujourd'hui un vrai *Pater dolorosa*. Si je suis un misérable rimailleur, il faut se pendre. Je ressemble, avec ma pauvre tragédie, à Perrette au pot au lait, et ma comparaison ne sera peut-être que trop réelle !... Il faut pourtant réussir cette œuvre, et, coûte que coûte, avoir quelque chose de fini quand maman me demandera compte de mon temps ! Je passe les nuits au travail ; ne lui en dis rien, car elle s'inquiéterait. Quelles peines donne l'amour de la gloire ! Vivent les épiciers, morbleu ! ils vendent tout le jour, comptent le soir leur gain, se délectent de temps à autre à quelque affreux mélodrame, et les voilà heureux !... Oui, mais ils passent leur temps entre le gruyère et le savon. Vivent plutôt les gens de lettres ; oui, mais ils sont tous gueux d'argent et seulement riches de morgue. Bah ! laissons faire les uns et les autres, et vive tout le monde ! »

XIV

Il se plaint à sa sœur de ce que l'huile de sa lampe lui coûte plus cher que son morceau de pain. Mais il aime toujours sa mansarde : « Le temps que j'y passerai sera pour moi une source de doux souvenirs. Vivre à ma fantaisie, travailler selon mon goût et à ma guise, ne rien faire de sérieux, m'endormir sur l'avenir que je me fais beau, penser à vous en vous sachant heureuses, avoir pour maîtresse la *Julie* de Rousseau, *La Fontaine* et *Molière* pour amis, Racine pour maître, le cimetière du Père Lachaise pour promenade!... ah! si cela pouvait durer toujours?

» Je suis plus engoué que jamais de ma carrière par une foule de raisons dont je ne déduirai que celles que tu n'aperçois peut-être pas. Nos révolutions sont loin d'être terminées; à la manière dont les choses s'agitent, je prévois encore bien des orages. Bon ou mauvais, le système représentatif exige d'immenses talents, les grands écrivains seront nécessairement recherchés dans les crises politiques; ne réunissent-ils pas à la science, l'esprit d'observation et la profonde connaissance du cœur humain.

» Si je suis un *gaillard* (c'est ce que nous ne savons pas encore, il est vrai), je puis avoir un jour autre chose que l'illustration littéraire; et ajouter au titre de grand écrivain celui de grand citoyen, est une ambition qui peut tenter aussi !... »

XV

La triste épreuve de sa tragédie faite et acceptée, il tombe énervé, découragé, maigri, chez sa mère ; elle le garda quatre ans, mais non oisif. Ce fut alors qu'il fit seulement sa grande faute, pour vivre et donner à leur insu quelque aisance à ses parents. Il se lia avec des libraires, et sacrifia quelque temps sa conscience à ses besoins. Il écrivit ses *Contes drolatiques*, ouvrage de *mosaïque* très-habilement conçu et exécuté, qui lui firent une réputation de mauvais *aloi* et quelque argent. Comme langue, rien ne contribua plus à le former au travail difficile de parodier un siècle dans un autre siècle. C'était une gaîté triste au fond, un désespoir de verve qui lui donnait la conscience de son prodigieux talent, mais le repentir de l'usage qu'il en faisait. Il faut, comme lui, glisser sur cette jeunesse qui passe comme un orage du matin. Ne reprochons pas à l'homme ce qu'il se reproche le premier, le prix un peu honteux que la vie lui coûte, prix d'autant plus cher qu'il est plus prêt à le regretter. En lisant ses *Contes drolatiques*, on se souvient de Mirabeau écrivant, à Vincennes, des romans orduriers pour envoyer à une femme purement adorée le prix du vice qui le rendait indigne d'elle.

XVI

Sa sœur s'était mariée à un homme distingué en Normandie, M. de Surville.

Il lui écrit à demi son mépris pour lui-même pendant qu'on imprime ses *Contes* à Paris.

« Tu me demandes des détails des fêtes, et je n'ai aujourd'hui que des tristesses au cœur! Je me trouve le plus malheureux des malheureux qui vivotent sous cette belle calotte céleste que l'Éternel a brillantée de ses mains puissantes !

» Des fêtes!... c'est une triste litanie que j'ai à t'envoyer.

» Mon père, en revenant du mariage de Laurence (il avait été célébré à Paris), a eu dans sa voiture l'œil gauche déchiré par le fouet de Louis, triste présage... Le fouet de Louis toucher à cette belle vieillesse, notre joie et notre orgueil à tous! Le cœur saigne! On a cru d'abord le mal plus grand qu'il n'est, heureusement! Le calme apparent de mon père me faisait peine, j'aurais préféré des plaintes, je me serais figuré que des plaintes l'auraient soulagé! mais il est si fier, à bon droit, de sa force morale, que je n'osais même le consoler, et la douleur du vieillard fait autant souffrir que celle d'une femme!

» Je ne pouvais ni penser ni travailler; il faut pourtant écrire, écrire tous les jours pour conquérir l'indépendance qu'on me refuse! Essayer de devenir libre à coup de romans, et quel romans! Ah! Laure, quelle chute de mes projets de gloire!

» Avec quinze cents francs de rente assurés, je pourrais travailler à ma célébrité, mais il faut le temps pour de pareils travaux, et il faut vivre d'abord! Je n'ai donc que cet ignoble moyen pour m'*indépendantiser*.

» Fais donc gémir la presse, mauvais auteur (et le mot n'a jamais été si vrai)!

» Si je ne gagne pas promptement de l'argent, le spectre de la place reparaîtra, je ne serai pas notaire toutefois, car M. T... vient de mourir. Mais je crois que M. *** me cherche sourdement une place : quel terrible homme ! Comptez-moi pour mort si on me coiffe de cet éteignoir : je deviendrai un cheval de manége qui fait ses trente ou quarante tours à l'heure, mange, boit, dort à des instants réglés d'avance.

» Et l'on appelle vivre cette rotation machinale, ce perpétuel retour des mêmes choses !...

» Encore si quelqu'un jetait un charme quelconque sur ma froide existence ! Je n'ai pas les fleurs de la vie et je suis pourtant dans la saison où elles s'épanouissent ! A quoi bon la fortune et les jouissances quand ma jeunesse sera passée ? Qu'importe des habits d'acteur si l'on ne joue plus de rôle ? Le vieillard est un homme qui a dîné et qui regarde les autres manger, et moi, jeune, mon assiette est vide et j'ai faim ! Laure, Laure, mes deux seuls et immenses désirs, *être célèbre et être aimé*, seront-ils jamais satisfaits ?... »

. . . .

« Je t'envoie deux nouveaux ouvrages ; ils sont encore fort mauvais et fort peu littéraires surtout ! Tu trouveras dans l'un des deux quelques plaisanteries assez drôles et des espèces de caractères, mais un plan détestable.

» Le voile ne tombe, malheureusement qu'après l'impression, et, quant aux corrections, il n'y faut pas songer, elles coûteraient plus que le livre. Le seul mérite de ces deux romans, ma chère, est le millier de francs qu'ils me rapportent, mais la somme n'a été réglée qu'en billets à longues échéances? Seront-ils payés?

» Je commence, toutefois, à tâter et reconnaître mes forces; sentir ce que je vaux et sacrifier la fleur de ses idées à de pareilles inepties! Il y a de quoi pleurer.

» Ah! si j'avais ma *pâtée*, j'aurais bien vite ma *niche* et j'écrirais des livres qui resteraient peut-être!

» Mes idées changent tellement que le *faire* changerait bientôt! Encore quelque temps, et il y aura entre le moi d'aujourd'hui et le moi de demain la différence qui existe entre le jeune homme de vingt ans et l'homme de trente! Je réfléchis, mes idées mûrissent, je reconnais que la nature m'a traité favorablement en me donnant mon cœur et ma tête. Crois-moi, chère sœur, car j'ai besoin d'une croyante, je ne désespère pas d'être un jour quelque chose; car je vois aujourd'hui que *Cromwell* n'avait pas même le mérite d'être un embryon ; quant à mes romans, ils ne valent pas le diable, mais ils ne sont pas si tentateurs. »

XVII

Il va à Bayeux chez son beau-frère. La misère l'y suit. Il veut tenter la fortune par une grande entreprise. Il s'associe à un vieil ami pour éditer des livres. Il échoue et perd les deux fortunes. Sa double dette l'écrase ; il veut persévérer ; sa famille lui donne par anticipation de quoi payer son brevet d'imprimeur. Il échoue plus irrémédiablement une seconde fois. On le console en le reléguant dans les ouvrages légers. Ce mépris l'irrite : « Il faudra que je meure, écrit-il, pour qu'on sache ce que je vaux ! »

Il tombe dans le découragement, non de lui-même, mais de la fortune. Il néglige d'aller voir ses parents. Voici comment il s'excuse devant sa sœur :

« Ta lettre m'a donné deux détestables jours et deux détestables nuits. Je ruminais ma justification de point en point, comme le Mémoire de Mirabeau à son père, et je m'enflammais déjà à ce travail; mais je renonce à l'écrire, je n'ai pas le temps, ma sœur, et je ne me sens d'ailleurs aucun tort!...

» On me reproche l'arrangement de ma chambre; mais les meubles qui y sont m'appartenaient avant ma catastrophe! Je n'en ai pas acheté un seul! Cette tenture de percale bleue qui fait tant crier était dans ma chambre à l'imprimerie. C'est Latouche et moi qui l'avons clouée sur un affreux papier qu'il eût fallu changer! Mes livres sont mes outils, je ne puis les vendre; le goût, qui met tout chez moi en harmonie, ne s'achète pas (malheureusement pour les riches); je tiens, au surplus, si peu à toutes ces choses, que si l'un de mes créanciers veut me faire mettre secrètement à Sainte-Pélagie, j'y serai plus heureux, ma vie ne me coûtera rien, et je ne serai pas plus prisonnier que le travail ne me tient captif chez moi.

» Un port de lettre, un omnibus, sont des dépenses que je ne puis me permettre, et je ne sors pas pour ne pas user d'habits! Ceci est-il clair?

» Ne me contraignez donc plus à des voyages, à des démarches, à des visites qui me sont impossibles, n'oubliez pas que je n'ai plus que le temps et le travail pour richesse, et que je n'ai pas de quoi faire face aux dépenses les plus minimes.

» Si vous songiez aussi que je tiens toujours forcément la plume, vous n'auriez pas le courage d'exiger des correspondances! Écrire quand on a le cerveau fatigué et l'âme remplie de tourments! Je ne pourrais que vous affliger; à quoi bon?... Vous ne comprenez donc pas qu'avant de me mettre au travail, j'ai quelquefois à répondre à sept ou huit lettres d'affaires?

» J'ai encore une quinzaine de jours à passer sur *les Chouans;* jusque-là, pas d'Honoré; autant vaudrait déranger le fondeur pendant la coulée.

» Ne me crois aucun tort, chère sœur; si tu me donnais cette idée, j'en perdrais la cervelle. Si mon père était malade, tu m'avertirais, n'est-ce pas? Tu sais bien qu'alors aucune considération humaine ne m'empêcherait de me rendre près de lui.

» Il faut que je vive, ma sœur, sans jamais

rien demander à personne; il faut que je vive pour travailler afin de m'acquitter envers tous ! Mes *Chouans* terminés, je vous les porterai; mais je ne veux en entendre parler ni en bien ni en mal; une famille, des amis, sont incapables de juger l'auteur.

» Merci, cher champion dont la voix généreuse défend mes intentions. Vivrai-je assez pour payer aussi mes dettes de cœur ?... »

XVIII

Il vécut (si c'est là vivre) de cette misère jusqu'en 1833.

De 1833 à 1848, c'est sa moisson ; retiré tantôt dans une solitude anonyme de Paris ou des environs, affectant quelquefois un certain luxe pour imiter *Walter Scott*, et doubler ainsi à l'œil le prix de ses propres œuvres, il se bâtit à *Ville-d'Avray* une maison en apparence idéale, qui s'écroule bientôt après comme un rêve. Mais son talent grandit. La liste de ses livres pendant ces fécondes années est longue. Tout est écrit de sa main, et recorrigé deux fois sous la main de l'imprimeur. Cela suppose un travail qui fait reculer le calcul.

Il s'isole, il se dérobe, il écrit à sa sœur qui s'en plaint, il fuit quelquefois à la campagne auprès de Tours, chez des amis. Il y compose ses meilleurs volumes. Il s'y apaise, il y respire, il y écrit à sa sœur :

« Merci, ma sœur ; le dévoûment des cœurs aimés nous fait tant de bien ! Tu m'as rendu cette énergie qui m'a fait surmonter jusqu'ici les difficultés de ma vie ! Oui, tu as raison, je ne m'arrêterai pas, j'avancerai, j'atteindrai le but, et tu me verras un jour compté parmi les grandes intelligences de mon pays !

» Mais quels efforts pour arriver là ! ils brisent le corps, et, la fatigue venue, le découragement suit !

» *Louis Lambert* m'a coûté tant de travaux ! Que d'ouvrages il m'a fallu relire pour écrire ce livre ! Il jettera peut-être un jour ou l'autre la science dans des voies nouvelles. Si j'en avais fait une œuvre purement savante, il eût attiré l'attention des penseurs qui n'y jetteront pas les yeux. Mais si le hasard met, un jour ou l'autre, *Louis Lambert* entre leurs mains, ils en parleront peut-être !...

» Je crois *Louis Lambert* un beau livre ! Nos amis l'ont admiré ici, et tu sais qu'ils ne me trompent pas !

» Pourquoi revenir sur sa terminaison ? Tu connais la raison qui me l'a fait choisir ! Tu as toujours peur. Cette fin est probable, et de tristes exemples ne la justifient que trop : le docteur n'a-t-il pas dit que la folie est toujours à la porte des grandes intelligences qui fonctionnent trop ?...

» Encore merci de ta lettre, et pardonne au pauvre artiste le découragement qui l'a rendue nécessaire. La partie engagée, je joue si gros jeu ! il faut toujours progresser. Mes livres sont les seules réponses que je veuille jamais faire à ceux qui commencent à m'attaquer.

» Que leurs critiques ne te préoccupent pas trop ; elles sont de bons pronostics : on ne discute pas la médiocrité !...

» Oui, tu as raison, mes progrès sont réels, et mon courage infernal sera récompensé. Persuade-le aussi à ma mère, chère sœur, dis-lui de me faire l'aumône de sa patience ; ses dévoûments lui seront comptés ! Un jour, je l'espère, — un peu de gloire lui payera tout ! Pauvre mère ! cette imagination qu'elle m'a donnée la jette perpétuellement du nord au midi et du midi au nord : de tels voyages fatiguent ; je le sais aussi, moi !

» Dis à ma mère que je l'aime comme lorsque

j'étais enfant. Des larmes me gagnent en t'écrivant ces lignes, larmes de tendresse et de désespoir, car je sens l'avenir, et il me faut cette mère dévouée au jour du triomphe ! Quand l'atteindrai-je ?

» Soigne bien notre mère, Laure, pour le présent et pour l'avenir.

» Quant à toi et à ton mari, ne doutez jamais de mon cœur; si je ne puis vous écrire, que votre tendresse soit indulgente, n'incriminez jamais mon silence; dites-vous : il pense à nous, il nous parle; entendez-moi, mes bons amis, vous, mes plus vieilles et mes plus sûres affections !

» En sortant de mes longues méditations, de mes travaux accablants, je me repose dans vos cœurs comme dans un lieu délicieux où rien ne me blesse !

» Quelque jour, quand mes œuvres seront développées, vous verrez qu'il a fallu bien des heures pour avoir pensé et écrit tant de choses; vous m'absoudrez alors de tout ce qui vous aura déplu, et vous pardonnerez, non l'égoïsme de l'homme (l'homme n'en a pas), mais l'égoïsme du penseur et du travailleur.

» Je t'embrasse, chère consolatrice qui m'apportes l'espérance, baiser de tendre reconnaissance; ta lettre m'a ranimé; après sa lecture, j'ai poussé un hourra joyeux. »

La liste de ses ouvrages, avec la date qu'il leur assigna après les avoir remaniés, peut seule faire comprendre la valeur de ses travaux, car peu de lecteurs ignorent l'importance de ces livres :

1827. (Fin de) *Les Chouans.*
1828. *Catherine de Médicis.*
1829. *La Physiologie du mariage, Gloire et malheur, le Bal de Sceaux, il Vertugo, la Paix du ménage.*
1830. *La Vendetta, une Double Famille, Étude de femme, Gobseck, Autre Étude de femme, la Grande Bretèche, Adieu, l'Élixir de longue vie, Sarrazine, la Peau de chagrin.*
1831. *Madame Firmiani, le Requisitionnaire, l'Auberge rouge, Maître Cornélius, les Proscrits, un Épisode sous la Terreur, Jésus-Christ en Flandre.*
1832. *La Bourse, la Femme abandonnée, la Grenadière, le Message, les Marana, Louis Lambert, l'Illustre Gaudissart, le colonel Chabert, une Passion dans le*

Désert, le Chef-d'œuvre inconnu, le Curé de Tours.

1833. Séraphita, Eugénie Grandet, Ferragus, le Médecin de campagne.

1834. Un Drame au bord de la mer, la Duchesse de Langeais, la Fille aux yeux d'or, le Père Goriot, la Recherche de l'absolu.

1835. Le Contrat de mariage, la Femme de trente ans, le Lis dans la Vallée, Melmoth réconcilié.

1836. La Vieille Fille, l'Enfant maudit, Facino Cane, la Messe de l'Athée, l'Interdiction.

1837. Le Cabinet des antiques, la maison Nucingen, Gambara, César Birotteau.

1838. Une Fille d'Ève, les Employés, ou la Femme supérieure.

1839. Pierre Grassou, les Secrets de la princesse de Cadignan, Massimila Doni, Pierrette.

1840. Z. Marcas, la Revue parisienne.

1841. Mémoires de deux jeunes mariés, Ursule Mirouet, une Ténébreuse Affaire.

1842. La Fausse Maîtresse, Albert Savarus, un Début dans la vie, un Ménage de garçon, ou les Deux Frères.

1843. *Honorine, Splendeurs et Misères des courtisanes, Illusions perdues.*
1844. *Béatrix, Modeste Mignon, Gaudissart II.*
1845. *Un prince de la Bohême, Esquisse d'homme d'affaires, Envers de l'histoire contemporaine, le Curé de village.*

Il voyage deux fois en Italie et en Sardaigne pour une spéculation colossale sur les *scories* des mines antiques mal exploitées par les Romains. Il croit tenir la richesse; on la lui dérobe.

XIX

Enfin il pense à renouer ses œuvres immortelles par un lien qui leur donne l'unité. Il conçoit la *Comédie humaine*, sujet que nous avons tous conçu, le *poëme épique* universel sous forme de romans successifs. Il s'y dévoue, il s'y absorbe, il expire sans l'avoir terminé.

« Je suis si triste aujourd'hui, qu'il doit y avoir quelque sympathie sous cette tristesse. Quelqu'un de ceux que j'aime serait-il malheureux ? Ma mère est-elle souffrante ? Où est mon bon Surville ? est-il bien de corps et d'âme ? Avez-vous des nouvelles de Henri ? sont-elles bonnes ? Toi ou tes petites, seriez-vous malades ? Rassurez-moi vite sur tous ces chers sujets.

» Mes essais de théâtre vont mal, il faut y renoncer pour le moment. Le drame historique exige de grands effets de scène que je ne connais pas et qu'on ne trouve peut-être que sur place, avec des acteurs intelligents. Quant à la comédie, Molière, que je veux suivre, est un maître désespérant; il faut des jours sur des jours pour arriver à quelque chose de bien en ce genre, et c'est toujours le temps qui me manque. Il y a d'ailleurs d'innombrables difficultés à vaincre pour aborder n'importe quelle scène, et je n'ai pas le loisir de jouer des jambes et des coudes; un chef-d'œuvre seul, et mon nom m'en ouvrirait les portes; mais je n'en suis pas encore aux chefs-d'œuvre. Ne pouvant compromettre ma réputation, il faudrait trouver des prête-noms; c'est du temps à perdre, et le fâcheux, c'est que je n'ai pas le moyen d'en perdre ! Je le regrette ; ces travaux, plus productifs que mes livres, m'auraient plus promptement tiré de peine. Mais il y a longtemps que les angoisses et moi nous nous sommes mesurés, je les ai domptées, je les dompterai encore. Si je succombe, c'est le ciel qui l'aura voulu, et non pas moi.

» La vivacité d'impression que mes chagrins te causent devrait m'interdire de t'en parler, mais le moyen de ne pas épancher mon cœur trop plein près de toi ? C'est mal, cependant ; il faut une organisation robuste qui vous manque, à vous autres femmes, pour supporter les tourments de la vie de l'écrivain.

» Je travaille plus que je ne le voulais, que veux-tu ? Quand je travaille, j'oublie mes peines, c'est ce qui me sauve ; mais toi, tu n'oublies rien ! Il y a des gens qui s'offensent de cette faculté, ils redoublent mes tourments en ne me comprenant pas !

» Je devrais faire assurer ma vie pour laisser, en cas de mort, une petite fortune à ma mère ; toutes dettes payées, pourrais-je supporter ces frais ? je verrai cela à mon retour.

» Le temps que durait jadis l'inspiration produite par le café diminue ; il ne donne plus maintenant que quinze jours d'excitation à mon cerveau, excitation fatale, car elle me cause d'horribles douleurs d'estomac. C'est au surplus le temps que Rossini lui assigne pour son compte.

» Laure, je fatiguerai tout le monde autour de moi et ne m'en étonnerai pas. Quelle existence d'auteur a été autrement ? mais j'ai aujourd'hui la conscience de ce que je suis et de ce que je serai !

» Quelle énergie ne faut-il pas pour garder sa tête saine quand le cœur souffre autant ! Travailler nuit et jour, se voir sans cesse attaqué quand il me faudrait la tranquillité du cloître pour mes travaux ! Quand l'aurai-je ? l'aurai-je un seul jour ! que dans la tombe peut-être !... on me rendra justice alors, je veux l'espérer !... Mes meilleures inspirations ont toujours brillé, au surplus, aux heures d'extrêmes angoisses ; elles vont donc luire encore !...

» Je m'arrête, je suis trop triste ; le ciel devait un frère plus heureux à une sœur si affectionnée !... »

Mon frère était alors accablé par un grand chagrin de cœur ; je ne peux publier de sa volumineuse correspondance que ce qui a rapport à lui ou à ses œuvres, et le montrer que sous l'aspect de fils ou de frère ; ces restrictions privent le public de quelques pages intéressantes, notamment de celles qu'il m'adressa après la mort d'une personne bien chère. C'est ce que j'ai lu de plus éloquent dans l'expression de la douleur.

XX

C'est vers ce temps qu'il imagina de prendre son rang, la gloire et la fortune d'assaut par un coup de main. Il écrivit deux drames : *Vautrin* et *Mercadet*. Deux pièces de Figaro. L'une échoua comme scandale; l'autre expira de langueur. Il croyait fermement que *Mercadet*, pris dans la passion industrielle de la bourgeoisie, serait le *Figaro* du siècle. Je me souviens qu'il vint plusieurs fois ayant la fièvre de son succès chez moi pour me conjurer de l'entendre, de le voir, d'assister aux répétitions. Je consentis; 'allai aux répétitions. Je fus peu touché. Rien ne put le désenchanter de son illusion; on le joua sans succès. Il était comme moi-même, mal né pour la scène : il n'y avait pas assez d'espace pour ses conceptions.

XXI

C'est peu de temps avant cette époque que la beauté, l'amour, l'esprit et la fortune parurent d'un seul coup vouloir dépasser par la réalité tous les rêves de son passé. Une jeune et aimable étrangère, une de ces femmes dont l'imagination est une puissance, conçut pour lui une ardente passion. C'était une Polonaise, une Orientale, une personne attachée, dit-on, par devoir, à un vieil époux dont la santé expirante devait assurer bientôt la liberté. Elle adorait Balzac comme écrivain. Elle lui confirma par lettres le penchant de son cœur; il fut fasciné et enivré par une amitié qui ne coûtait rien à la vertu. J'ignore le lieu où ils se rencontrèrent. Était-ce à Milan? était-ce en Pologne ou en Russie? Rien n'est plus difficile que de percer le mystère des voyages de Balzac; ce que j'en sais, je ne le sais que de lui-même, longtemps avant l'événement qui dénoua par un trop court mariage le nœud de sa vie.

Je le rencontrai un jour dans une des sombres allées d'arbres qui s'étendent solitaires entre la Chambre des députés et le palais des Invalides. Il m'aborda avec l'empressement d'un homme heureux qui brûle de faire partager son bonheur encore caché à un ami. Que faites-vous? lui dis-je. « J'attends, me répondit-il, la félicité des anges ici-bas. J'aime, je suis aimé par la plus charmante femme inconnue qui soit sur la terre. Elle est jeune, elle est libre, elle a une fortune indépendante qui ne se calcule que par millions de revenu. De courtes convenances l'empêchent seules de me donner sa main; mais dans peu de mois elle en est affranchie, et je suis aussi sûr de mon bonheur que de son amour!

» Voilà, mon cher Lamartine, l'état où je vis en ce moment; j'ai dû vous le cacher jusqu'à ce jour, mais maintenant rien ne m'empêche de me confier à votre amitié; vous voyez en moi le plus heureux des hommes! »

J'avoue que je crus à un de ces songes qu'il avait si longtemps poursuivis, et que je me séparai de lui incrédule, mais sans lui témoigner mon incrédulité. C'était moi qui me trompais. Peu de mois après ce jour, j'appris que Balzac était parti pour un voyage énigmatique, et qu'il était marié. A son retour, il vint me voir. J'allai lui rendre visite dans le magnifique hôtel du quartier Beaujon, où sa femme avait recueilli ce chevalier errant de tous les songes. Il n'était pas chez lui. Mais le luxe de l'ameublement, des jardins, des antichambres, attestait la réalité de ce qu'il m'avait confié quelques mois avant. Je me réjouis de ce miracle de l'amour. Hélas! comme tous les miracles, il ne devait durer qu'un moment.

Le bonheur de Balzac fut un éclair; son travail assidu l'avait usé; un rêve lui enleva ce que tant de rêves lui avaient coûté. Il n'eut que la perspective du repos dans la gloire. Une maladie de cœur l'emporta. Il mourut au milieu des délices et des splendeurs auxquelles il avait aspiré. Homme d'imagination, récompensé en imagination. Mais au moins il ne mourut pas dans les angoisses qui avaient consumé sa vie.

Sa veuve avait acheté sur la route de Fontainebleau une belle colline boisée à Villeneuve-le-Roi, au sommet de laquelle elle habite avec l'ombre de son mari, un grand nom qui grandira sans cesse.

XXII

Voilà l'homme dans Balzac.

Il avait eu, au milieu de beaucoup de chimères, un rare bon sens, celui de réduire son ambition politique à sa juste valeur et de renoncer de bonne heure à cet axiome faux : « J'ajouterai peut-être le titre de grand citoyen au titre d'homme littéraire. » Il avait espéré un moment que l'estime de ses compatriotes le porterait à la députation : il n'en fut rien ; on reconnut promptement que son éloquence, toute de cœur, ne convenait pas au régime parlementaire, qui vit de parti et non de vérité. Je l'ai entendu souvent, chez madame de Girardin, s'abandonner au torrent de sa belle et fougueuse indignation contre ces fausses fureurs et ces fausses promesses des oppositions aux gouvernements qui n'avaient d'autres crimes que de n'être pas aimés. Quant à lui, il était aisé de voir qu'il était de race et de sang légitimistes, c'est-à-dire qu'il croyait à la puissance de la tradition et des mœurs avant tout; le commandement et l'obéissance par l'habitude, c'était pour lui tout le gouvernement. Les théories, les systèmes, les socialismes, n'étaient rien pour lui; des expériences hasardées sur des millions d'hommes ignorants ou passionnés lui paraissaient des bêtises ou des crimes. Laissez cela à faire aux avocats et à préconiser aux journalistes, deux espèces de publicistes pour lesquels il ne dissimulait pas son dédain. — Le gouvernement parlementaire, disait-il, avec l'ironie profonde de sa bonne foi, est le régime des sophistes ou des bavards. Dieu n'a créé qu'une forme et qu'un moyen de volonté, c'est l'unité. La divergence des volontés, en effet, c'est l'immobilité ou l'anarchie. L'anarchie, c'est la mort violente de l'espèce humaine. L'immobilité, c'est sa mort lente. Si l'homme était capable de profiter de l'expérience, il reconnaîtrait que le gouvernement parlementaire n'est bon qu'à renverser successivement tous les régimes qui l'admettent. En 1789, le jour où Mirabeau l'introduisit par sa phrase fameuse à M. de Brézé : « Allez dire à votre maître que nous sommes ici par la volonté du peuple, et que nous n'en sortirons que par la force des baïonnettes, » la révolution est faite; Mirabeau se déshonore et se dépopularise en essayant de la diriger en sens inverse. Louis XVI tombe sous ses fureurs; les Girondins périssent pour avoir voulu la modérer; Vergniaud, Marat, Danton, Camille Desmoulins, Robespierre lui-même, sont dévorés par le régime qu'ils ont créé; la Convention est décimée par sa propre nature; le Directoire exécutif tente vainement ses coups d'État contre le gouvernement parlementaire, Bonaparte le renverse du vent de son épée, il renverse lui-même Bonaparte en 1814. Les Bourbons reviennent, le gouvernement parlementaire les laisse tomber et fuir jusqu'à Gand; Waterloo les rend nécessaires pour sauver la nation; le gouvernement parlementaire abandonne Bonaparte à Sainte-Hélène; il fait du gouvernement de Louis XVIII un tiraillement sans repos pendant tout son règne. Le gouvernement parlementaire provoque la lutte avec Charles X : le gouvernement parlementaire triomphe et renvoie le roi à l'exil. Le duc d'Orléans s'offre à ce régime, il est accepté avec enthousiasme; dix-huit ans après il est congédié avec plus d'enthousiasme encore; la république de nécessité sauve la France ; le gouvernement parlementaire se hâte de choisir parmi les candidats celui qui doit le renverser. La France redevient militaire et calme, sous un despotisme intelligent et modéré; le gouvernement parlementaire recommence à poindre dans les coalitions d'opinions incompatibles. Dix gouvernements renversés en un demi-siècle attestent en vain que ce gouvernement ne sait ni se fonder ni se défendre. Proclamez maintenant la perfection et la permanence d'un gouvernement qui ne sait ni s'établir ni durer ! Voilà son histoire ! Jugez-le par ses œuvres.

XXIII

Mais jugez-le aussi par sa nature, continuait-il

Quand une nation va périr et qu'elle le sent, que fait-elle? Elle invoque le remède, le pouvoir à une seule tête, la dictature.

L'armée, ou la volonté active de la nation, se donne un dictateur; il frappe à droite et à gauche, il se défait des gouvernements parlementaires, obstacle à tout, au bien comme au mal. Il règne : si c'est avec folie, il tombe entraînant avec lui armée et nation ; si c'est avec réflexion et mesure, il continue ou perpétue son règne, il peut même fonder une dynastie ou une monarchie héréditaire. Que lui faut-il pour cela? — Un conseil d'État nommé par lui et une armée chez un peuple militaire.

Mais, le jour où il fonderait un gouvernement à deux ou trois têtes, un gouvernement parlementaire dans l'élection duquel il n'interviendrait pas, il pourrait mesurer sa déchéance au progrès fait par ce gouvernement. Le jour où le gouvernement parlementaire serait achevé, il créerait de nouveau la force contre la force, c'est-à-dire le gouvernement de quelques-uns contre un. La révolution serait faite!

L'unité de volonté est nécessaire même dans la république. Le premier magistrat d'une république doit être un dictateur à temps; sans quoi il n'est rien.

Voyez l'armée! Qui fait sa force? C'est son général, soit pour un jour, soit pour un temps. Mettez deux chefs ou dix chefs avec des droits égaux à la tête de votre armée : elle cesse d'exister; elle a deux esprits ou dix volontés, c'est-à-dire pas une. Voilà pourquoi les gouvernements parlementaires les plus libres n'ont jamais reconnu à l'armée sous les armes le droit électoral. Je me trompe; le gouvernement parlementaire de 1849 a nommé une fois deux chefs et deux armées : l'un de la rive gauche de la Seine sous le parlement, l'autre de la rive droite sous le président de la république. Quinze jours après, le gouvernement n'existait plus. Le coup d'État était devenu inévitable, le pouvoir parlementaire s'était suicidé! Je l'avais prédit! Qu'on lise mon avant-dernier numéro de mes *Conseils au peuple!*

Le gouvernement est un monologue, pendant qu'il gouverne toute anarchie est un dialogue. On délibère avec un dialogue, on ne gouverne pas. — Mais, dit-on, la majorité sans cesse déplacée par un discours ou par une intrigue fait la loi? — Voyez la Belgique, où ni majorité ni minorité ne peuvent en sortir. Le gouvernement parlementaire refuse de gouverner : la volonté nationale est paralysée par la nation elle-même. Qu'adviendra-t-il? ou un coup d'État ou une révolution. Voilà le gouvernement parlementaire ou le gouvernement des factions. — La responsabilité n'est nulle part, et chaque faction dit : — Ce n'est pas moi! —

Et voyez l'Amérique! — Nous ne pouvons pas nous gouverner? — Exterminons-nous!

Quoi! un tel état serait le dernier mot de la sagesse humaine? — Non, Dieu a donné par la nature des choses des règles instinctives aux peuples comme aux individus. — Cette règle est l'unité de la volonté pour qu'elle soit obéie ; — monarchie et république ont besoin de cette unité.

Unité permanente : — Monarchie! Unité temporaire : — République!

Peu importe, pourvu que le monde puisse se gouverner.

Le gouvernement, ce n'est pas seulement la forme, c'est la vie des nations.

Le gouvernement des factions ou le gouvernement des intrigues, c'est le gouvernement parlementaire !

Essayez-en cinquante fois.

Cinquante fois il vous trompe encore.

On ne varie pas le thème divin.

Le thème divin, c'est l'unité.

Voilà ce que disait plus éloquemment Balzac ; je ne pouvais qu'applaudir à son discours, quoique alors j'eusse fait la république pour détruire le gouvernement parlementaire. Je sentais la force de ses considérations et je me taisais, plus convaincu que lui que Dieu seul gouvernait les hommes, et qu'il les gouvernait par l'unité.

XXIV

On sentait dans ces paroles hardies et convaincues un grand fonds de foi dans l'éternelle sagesse, qui s'ajourne quelquefois, mais qui ne se dément jamais. « On ne voudrait pas m'entendre aujourd'hui, nous disait-il encore, mais le moment n'est pas loin où l'on m'entendra; car les nations se sauvent toujours et se perdent toujours, et quand elles veulent décidément se sauver elles remontent aux lois de Dieu! Ces lois de Dieu, c'est moi qui les sais, ajoutait Balzac; sous un régime ou sous un autre, vous reviendrez à la loi des lois, l'unité de volonté! »

Sa figure s'illuminait alors d'un éclat divin.

On souriait, mais on l'écoutait, et on devait finir par le croire. Il avait péché dans sa jeunesse malheureuse contre les mœurs, mais jamais contre le bon sens et moins encore contre Dieu.

Il était religieux comme sa mère et sa sœur; la solitude et le bonheur le ramenaient à Dieu.

— Lisons maintenant ce grand moraliste.

XXV

Les trois caractères dominants du talent de Balzac sont la vérité, le pathétique et la moralité.

Il faut y ajouter l'invention dramatique, qui le rend en prose égal et souvent supérieur à Molière.

Je sais qu'à ce mot, un cri de scandale et de sacrilége va s'élever de toute la France; mais, sans rien enlever à l'auteur du *Misanthrope* de ce que la perfection de son vers ajoute à l'originalité de son talent, et en le proclamant comme tout le monde, l'incomparable et l'inimitable, mon enthousiasme pour le grand comique du siècle de Louis XIV ne me rendra jamais injuste ni ingrat envers un autre homme inférieur en diction, égal, si ce n'est supérieur, en conception, incomparable aussi en fécondité : Balzac! Combien de fois, en le lisant et en déroulant avec lui les miraculeux et inépuisables méandres de son invention, ne me suis-je écrié tout bas : La France a deux Molières, le Molière en vers et le Molière en prose!

Je le dis, je le pense, ouvrons-le: c'est à lui de le prouver. Je commence par son chef-d'œuvre, *Eugénie Grandet*. Daignez me suivre.

XXVI

Eugénie Grandet est la peinture d'un vice, d'un vice froid, personnel, implacable, qui, sans présenter au dehors ces férocités dramatiques dont le scélérat passionne ses actes, lui fait commettre dans son intérieur ces cruautés lentes et silencieuses qui lui méritent à bon droit le titre de scélérat.

Tel est M. Grandet, le père d'Eugénie Grandet, qui, après sa femme, fait de sa fille unique sa première victime.

Balzac est avant tout le grand géographe des passions. Je ne sais quel instinct révélateur et observateur lui a appris que les lieux et les hommes se tiennent par des rapports secrets ; que tel site est une idée, que telle muraille est un caractère, et que pour bien saisir un portrait il faut bien peindre un intérieur. Cette analogie et cette fidélité sont à ses romans ce que le paysage est aux grandes scènes du drame. Les imbéciles se plaignent de cette minutie apparente de descriptions, les hommes de haute et profonde intelligence l'admirent. Tout commence chez lui par ce *milieu* de ses personnages, préface de l'homme. C'est même là qu'il déploie le plus de verve. Voyez le début d'*Eugénie Grandet*.

Portrait de l'homme. —

Portrait du lieu. —

XXVII

« Il se trouve dans certaines villes de province des maisons dont la vue inspire une mélancolie égale à celle que provoquent les cloîtres les plus sombres, les landes les plus ternes ou les ruines les plus tristes. Peut-être y a-t-il à la fois dans ces maisons et le silence du cloître, et l'aridité des landes, et les ossements des ruines : la vie et le mouvement y sont si tranquilles qu'un étranger les croirait inhabitées, s'il ne rencontrait tout à coup le regard pâle et froid d'une personne immobile, dont la figure à demi monastique dépasse l'appui de la croisée au bruit d'un pas inconnu. Ces principes de mélancolie existent dans la physionomie d'un logis situé à Saumur, au bout de la rue montueuse qui mène au château, par le haut de la ville. Cette rue, maintenant peu fréquentée, chaude en été, froide en hiver, obscure en quelques endroits, est remarquable par la sonorité de son petit pavé caillouteux, toujours propre et sec, par l'étroitesse de sa voie tortueuse, par la paix de ses maisons, qui appartiennent à la vieille ville et que dominent les remparts. Des habitations trois fois séculaires y sont encore solides, quoique construites en bois, et leurs divers aspects contribuent à l'originalité qui recommande cette partie de Saumur à l'attention des antiquaires et des artistes. Il est difficile de passer devant ces maisons sans admirer les énormes madriers dont les bouts sont taillés en figures bizarres, et qui couronnent d'un bas-relief noir le rez-de-chaussée de la plupart d'entre elles. Ici, des pièces de bois transversales sont couvertes en ardoises, et dessinent des lignes bleues sur les frêles murailles d'un logis terminé par un toit en colombage que les ans ont fait plier, dont les bardeaux pourris ont été tordus par l'action alternative de la pluie et du soleil. Là se présentent des appuis de fenêtre usés, noircis, dont les délicates sculptures se voient à peine, et qui semblent trop légers pour le pot d'argile brune d'où s'élancent les œillets ou les rosiers d'une pauvre ouvrière. Plus loin, ce sont des portes garnies de clous énormes, où le génie de nos ancêtres a tracé des hiéroglyphes domestiques dont le sens ne se retrouvera jamais. Tantôt un protestant y a signé sa foi, tantôt un ligueur y a maudit Henri IV. Quelque bourgeois y a gravé les insignes de sa *noblesse de cloches*, la gloire de son échevinage oublié. L'histoire de France est là tout entière. A côté de la tremblante maison à pans hourdés où l'artisan a déifié son rabot, s'élève l'hôtel d'un gentilhomme, où sur le plein-cintre de la porte en pierre se voient encore quelques vestiges de ses armes, brisées par les diverses révolutions qui depuis 1789 ont agité le pays. Dans cette rue les rez-de-chaussée commerçants ne sont ni des boutiques ni des magasins ; les amis du moyen-âge y retrouveraient l'*ouvrouère* de nos pères en toute sa naïve simplicité. Ces salles basses, qui n'ont ni devanture, ni montre, ni vitrages, sont profondes, obscures et sans ornements extérieurs ou intérieurs. Leur porte est ouverte en deux parties pleines, grossièrement ferrées, dont la supérieure se replie intérieurement, et dont l'inférieure, armée d'une sonnette à ressort, va et vient constamment. L'air et le jour arrivent à cette espèce d'antre humide, ou par le haut de la porte, ou par l'espace qui se trouve entre la voûte, le plancher et le petit mur à hauteur d'appui dans lequel s'encastrent de solides volets, ôtés le matin, remis et maintenus le soir avec des bandes de fer boulonnées. Ce mur sert à étaler les marchandises du négociant. Là, nul charlatanisme. Suivant la nature du commerce, les échantillons consistent en deux ou trois baquets pleins de sel et de morue, en quelques paquets de toile à voile, des cordages, du laiton pendu aux solives du plancher, des cercles le long des murs, ou quelques pièces de drap sur des rayons. Entrez. Une fille propre, pimpante de jeunesse, au blanc fichu, aux bras rouges, quitte son tricot, appelle son père ou sa mère qui vient et vous vend à vos souhaits, flegmatiquement, complaisamment, arrogamment, selon son caractère, soit pour deux sous, soit pour vingt mille francs de marchandise. Vous verrez un marchand de merrain assis à sa porte, et qui tourne ses pouces en causant avec un voisin : il ne possède en apparence que de mauvaises planches à bouteilles et deux ou trois paquets de lattes ; mais sur le port son chantier plein fournit tous les tonneliers de l'Anjou ; il sait, à une planche près, combien il *peut* de tonneaux si la récolte est bonne ; un coup de soleil l'enrichit, un temps de pluie le ruine : en une seule matinée, les poinçons valent onze francs ou tombent à six livres. Dans ce pays, comme en Touraine, les vicissitudes de l'atmosphère dominent la vie commerciale. Vignerons, propriétaires, marchands de bois, tonneliers, aubergistes, mariniers, sont tous à l'affût d'un rayon de soleil; ils tremblent en se couchant le soir d'apprendre le lendemain matin qu'il a gelé pendant la nuit; ils redoutent la pluie, le vent, la sécheresse, et veulent de l'eau, du chaud, des nuages, à leur fantaisie. Il y a un duel constant entre le ciel et les intérêts terrestres. Le baromètre attriste, déride, égaye tour à tour les physionomies. D'un bout à l'autre de cette rue, l'ancienne grand'rue de Saumur, ces mots : « Voilà un temps d'or ! » se chiffrent de porte en porte. Aussi chacun répond-il au voisin : « Il pleut des louis, » en sachant ce qu'un rayon de soleil, ce qu'une pluie opportune lui en apporte.

» Le samedi, vers midi, dans la belle saison, vous n'obtiendrez pas pour un sou de marchandise chez ces braves industriels. Chacun a sa vigne, sa closerie, et va passer deux jours à la campagne. Là, tout étant prévu, l'achat, la vente, le profit, les commerçants se trouvent avoir dix heures sur douze à employer en joyeuses parties, en observations, commentaires, espionnages continuels. Une ménagère n'achète pas une perdrix sans que les voisins demandent au mari si elle était cuite à point. Une jeune fille ne met par la tête à sa fenêtre sans y être vue par tous les groupes inoccupés. Là donc les consciences sont à jour, de même que ces maisons impénétrables, noires et silencieuses, n'ont point de mystères. La vie est presque toujours en plein air : chaque ménage s'assied à sa porte, y déjeune, y dîne, s'y dispute. Il ne passe personne dans la rue qui ne soit étudié. Aussi, jadis, quand un étranger arrivait dans une ville de province, était-il gaussé de porte en porte. De là les bon contes, de là le surnom de *copieux* donné aux habitants d'Angers, qui excellaient à ces railleries urbaines. Les anciens hôtels de la vieille ville sont situés en haut de cette rue jadis habitée par les gentilshommes du pays. La maison pleine de mélancolie où se sont accomplis les événements de cette histoire était précisément un de ces logis, reste vénérable d'un siècle où les choses et les hommes avaient ce caractère de simplicité que les mœurs françaises perdent de jour en jour. Après avoir suivi les détours de ce chemin pittoresque dont les moindres accidents réveillent des souvenirs et dont l'effet général tend à plonger dans une sorte de rêverie machinale, vous apercevez un renfoncement assez sombre, au centre duquel est cachée la porte de la maison à M. Grandet. Il est impossible de comprendre la valeur de cette expression provinciale sans donner la biographie de M. Grandet.

» M. Grandet jouissait à Saumur d'une réputation dont les causes et les effets ne seront pas entièrement compris par les personnes qui n'ont point vécu en province. M. Grandet, encore nommé par certaines gens le père Grandet, mais le nombre de ces vieillards diminuait sensiblement, était en 1789 un maître tonnelier fort à son aise, sachant lire, écrire et compter. Dès que la République française mit en vente, dans l'arrondissement de Saumur, les biens du clergé, le tonnelier, alors âgé de quarante ans, venait d'épouser la fille d'un riche marchand de planches. Grandet alla, muni de sa fortune liquide et de la dot, muni de deux mille louis d'or, au district, où, moyennant deux cents doubles louis offerts par son beau-père au farouche républicain qui surveillait la vente des domaines nationaux, il eut pour un morceau de pain, légalement, sinon légitimement, les plus beaux vignobles de l'arrondissement, une vieille abbaye et quelques métairies. Les habitants de Saumur étant peu révolutionnaires, le père Grandet passa pour un homme hardi, un républicain, un patriote, pour un esprit qui donnait dans les nouvelles idées, tandis que le tonnelier donnait tout bonnement dans les vignes. Il fut nommé membre de l'administration du district de Saumur, et son influence pacifique s'y fit sentir politiquement et commercialement. Politiquement, il protégea les ci-devant et empêcha de tout son pouvoir la vente des biens des émigrés; commercialement, il fournit aux armées républicaines un ou deux milliers de pièces de vin blanc, et se fit payer en superbes prairies dépendant d'une communauté de femmes, que l'on avait réservées pour un dernier lot. Sous le Consulat, le bonhomme Grandet devint maire, administra sagement, vendangea mieux encore; sous l'Empire, il fut M. Grandet. Napoléon n'aimait pas les républicains : il remplaça M. Grandet, qui passait pour avoir porté le bonnet rouge, par un grand propriétaire, un homme à particule, un futur baron de l'Empire. M. Grandet quitta les honneurs municipaux sans aucun regret. Il avait fait faire, dans l'intérêt de la ville, d'excellents chemins qui menaient à ses propriétés. Sa maison et ses biens, très-avantageusement cadastrés, payaient des impôts modérés. Depuis le classement de ses différents clos, ses vignes, grâce à des soins constants, étaient devenues la tête du pays, mot technique en usage pour indiquer les vignobles qui produisent la première qualité de vin. Il aurait pu demander la croix de la Légion d'honneur. Cet événement eut lieu en 1806. M. Grandet avait alors cinquante-sept ans, et sa femme environ trente-six. Une fille unique, fruit de leurs légitimes amours, était âgée de dix ans. M. Grandet, que la Providence voulut sans doute consoler de sa disgrâce administrative, hérita successivement, pendant cette année, de madame de La Gaudinière, née de La Bertellière, mère de madame Grandet; puis du vieux M. La Bertellière, père de la défunte; et encore de madame Gentillet, grand'mère du côté maternel : trois successions dont l'importance ne fut connue de personne. L'avarice de ces trois vieillards était si passionnée, que depuis longtemps ils entassaient leur argent pour pouvoir le contempler secrètement. Le vieux M. La Bertellière appelait un placement une prodigalité, trouvant de plus gros intérêts dans l'aspect de l'or que dans les bénéfices de l'usure. La ville de Saumur présuma donc la valeur des économies d'après les revenus des biens au soleil. M. Grandet obtint alors le nouveau titre de noblesse que notre manie d'égalité n'effacera jamais : il devint *le plus imposé* de l'arrondissement. Il exploitait cent arpents de vignes, qui, dans les années plantureuses, lui donnaient sept à huit cents poinçons de vin. Il possédait treize métairies, une vieille abbaye, où, par économie, il avait muré les croisées, les ogives, les vitraux, ce qui les conserva ; et cent vingt-sept arpents de prairies, où croissaient et grossissaient trois mille peupliers plantés en 1793. Enfin, la maison dans laquelle il demeurait était la sienne. Ainsi établissait-on sa fortune visible. Quant à ses capitaux, deux seules personnes pouvaient vaguement en présumer l'importance : l'une était M. Cruchot, notaire chargé des placements usuraires de M. Grandet ; l'autre, M. des Grassins, le plus riche banquier de Saumur, aux bénéfices duquel le vigneron participait à sa convenance et secrètement. Quoique le vieux Cruchot et M. des Grassins possédassent cette profonde discrétion qui engendre en province la confiance et la fortune, ils témoignaient publiquement à M. Grandet un si grand respect, que les observateurs pouvaient mesurer l'étendue des capitaux de l'ancien maire d'après la portée de l'obséquieuse considération dont il était l'objet. Il n'y avait dans Saumur personne qui ne fût persuadé que M. Grandet n'eût un trésor particulier, une cachette pleine de louis, et ne se donnât nuitamment les ineffables jouissances que procure la vue d'une grande masse d'or. Les avaricieux en avaient une sorte de certitude en voyant les yeux du bonhomme, auxquels le métal jaune semblait avoir communiqué ses teintes. Le regard d'un homme accoutumé à tirer de ses capitaux un intérêt énorme contracte nécessairement, comme celui du voluptueux, du joueur ou du courtisan, certaines habitudes indéfinissables, des mouvements furtifs, avides, mystérieux, qui n'échappent point à ses coreligionnaires. Ce langage secret forme en quelque sorte la franc-maçonnerie des passions. M. Grandet inspirait donc l'estime respectueuse à laquelle avait droit un homme qui ne devait jamais rien à personne, qui, vieux tonnelier, vieux vigneron, devinait avec la précision d'un astronome quand il fallait fabriquer pour sa récolte mille poinçons ou seulement cinq cents; qui ne manquait pas une seule spéculation, avait toujours des tonneaux à vendre alors que le tonneau valait plus cher que la denrée à recueillir, pouvait mettre sa vendange dans ses celliers et attendre le moment de livrer son poinçon à deux cents francs, quand les petits propriétaires donnaient le leur à cinq louis. Sa fameuse récolte de 1811, sagement serrée, lentement vendue, lui avait rapporté plus de deux cent quarante mille livres.

» Financièrement parlant, M. Grandet tenait du tigre et du boa : il savait se coucher, se blottir, envisager longtemps sa proie, sauter dessus ; puis il ouvrait la gueule de sa bourse, y engloutissait une charge d'écus, et se couchait tranquillement, comme le serpent qui digère, impassible, froid, méthodique. Personne ne le voyait passer sans éprouver un sentiment d'admiration mélangé de respect et de terreur. Chacun dans Saumur n'avait-il pas senti le déchirement poli de ses griffes d'acier ? A celui-ci, maître Cruchot avait procuré l'argent nécessaire à l'achat d'un domaine, mais à onze pour cent; à celui-là, M. des Grassins avait escompté des traites, mais avec un effroyable prélèvement d'intérêts. Il s'écoulait peu de jours sans que le nom de M. Grandet fût prononcé, soit au marché, soit pendant les soirées dans les conversations de la ville. Pour quelques personnes, la fortune du vieux vigneron était l'objet d'un orgueil patriotique. Aussi plus d'un négociant, plus d'un aubergiste, disait-il aux étrangers avec un certain contentement : « Monsieur, nous avons ici deux ou trois maisons millionnaires; mais quant à M. Grandet, il ne connaît pas lui-même sa fortune ! » En 1816, les plus habiles calculateurs de Saumur estimaient les biens territoriaux du bonhomme à près de quatre millions; mais comme, terme moyen, il avait dû tirer par an, depuis 1793 jusqu'en 1817, cent mille francs de ses propriétés, il était présumable qu'il possédait en argent une somme presque égale à celle de ses biens-fonds. Aussi, lorsqu'après une partie de boston, ou quelque entretien sur les vignes, on venait à parler de M. Grandet, les gens capables disaient-ils : « Le père Grandet? le père Grandet doit avoir cinq ou six millions. — Vous êtes plus habile que je ne le suis, je n'ai jamais pu savoir le total, » répondaient M. Cruchot ou M. des Grassins, s'ils entendaient le propos. Quelque Parisien parlait-il des Rothschild ou de M. Laffitte, res gens de Saumur demandaient s'ils étaient aussi riches que M. Grandet. Si le Parisien leur jetait en souriant une dédaigneuse affirmation, ils se regardaient en hochant la tête d'un air d'incrédulité. Une si grande fortune couvrait d'un manteau d'or toutes les actions de cet homme. Si d'abord quelques particularités de sa vie donnèrent prise au ridicule et à la moquerie, la moquerie et le ridicule s'étaient usés. En ses moindres actes, M. Grandet avait pour lui l'autorité de la chose jugée. Sa parole, son vêtement, ses gestes, le clignement de ses yeux, faisaient loi dans le pays, où chacun, après l'avoir étudié comme un naturaliste étudie les effets de l'instinct chez les animaux, avait pu reconnaître la profonde et muette sagesse de ses plus légers mouvements. « L'hiver sera rude, disait-on, le père Grandet a mis ses gants fourrés : il faut vendanger. — Le père Grandet prend beaucoup de merrain, il y aura du vin cette année. » M. Grandet n'achetait jamais ni viande ni pain. Ses fermiers lui apportaient par semaine une provision suffisante de chapons, de poulets, d'œufs, de beurre et de blé de rente. Il possédait un moulin dont le locataire devait, en sus du bail, venir chercher une certaine quantité de grains et lui en rapporter le son et la farine. La grande Nanon, son unique servante, quoiqu'elle ne fût plus jeune, boulangeait elle-même tous les samedis le pain de la maison. M. Grandet s'était arrangé avec les maraîchers, ses locataires, pour qu'ils le fournissent de légumes. Quant aux fruits, il en récoltait une telle quantité qu'il en faisait vendre une grande partie au marché. Son bois de chauffage était coupé dans ses haies ou pris dans les vieilles *truisses* à moitié pourries qu'il enlevait au bord de ses champs, et ses fermiers le lui charroyaient en ville tout débité, le rangeaient par complaisance dans son bûcher, et recevaient ses remercîments. Ses seules dépenses connues étaient le pain bénit, la toilette de sa femme, celle de sa fille, et le payement de leurs chaises à l'église, la lumière, les gages de la grande Nanon, l'étamage de ses casseroles, l'acquittement des impositions, les réparations de ses bâtiments et les frais de ses exploitations. Il avait six cents arpents de bois récemment achetés qu'il faisait surveiller par le garde d'un voisin, auquel il promettait une indemnité. Depuis cette acquisition seulement, il mangeait du gibier. Les manières de cet homme étaient fort simples. Il parlait peu. Généralement il exprimait ses idées par de petites phrases sentencieuses et dites d'une voix douce.

» Depuis la Révolution, époque à laquelle il attira les regards, le bonhomme bégayait d'une manière fatigante aussitôt qu'il avait à discourir longuement ou à soutenir une discussion. Ce bredouillement, l'incohérence de ses paroles, le flux de mots où il noyait sa pensée, son manque apparent de logique, attribués à un défaut d'éducation, étaient affectés, et seront suffisamment expliqués par quelques événements de cette histoire. D'ailleurs, quatre phrases, exactes autant que des formules algébriques, lui servaient habituellement à embrasser, à résoudre toutes les difficultés de la vie et du commerce : « Je ne sais pas, je ne puis pas, je ne veux pas, nous verrons cela. » Il ne disait jamais ni oui ni non, et n'écrivait point. Lui parlait-on ? il écoutait froidement, se tenait le menton dans la main droite en appuyant son coude droit sur le revers de la main gauche, et se formait en toute affaire des opinions, desquelles il ne revenait point. Il méditait longuement les moindres marchés. Quand, après une savante conversation, son adversaire lui avait livré le secret de ses prétentions en croyant le tenir, il lui répondait. « Je ne puis rien conclure sans avoir consulté ma femme. » Sa femme, qu'il avait réduite à un ilotisme complet, était, en affaires, son paravent le plus commode. Il n'allait jamais chez personne, ne voulait ni recevoir ni donner à dîner; il ne faisait jamais de bruit, et semblait économiser tout, même le mouvement. Il ne dérangeait rien chez les autres, par un respect constant de la propriété. Néanmoins, malgré la douceur de sa voix, malgré sa tenue circonspecte, le langage et les habitudes du tonnelier perçaient, surtout quand il était au logis, où il se contraignait moins que partout ailleurs. Au physique, Grandet était un homme de cinq pieds, trapu, carré, ayant des mollets de douze pouces de circonférence, des rotules noueuses et de larges épaules; son visage était rond, tanné, marqué de petite vérole; son menton était droit, ses lèvres n'offraient aucune sinuosité, et ses dents étaient blanches; ses yeux avaient l'expression calme et dévoratrice que le peuple accorde au basilic; son front, plein de rides transversales, ne manquait pas de protubérances significatives; ses cheveux jaunâtres et grisonnants étaient blanc et or, disaient quelques jeunes gens qui ne connaissaient pas la gravité d'une plaisanterie faite sur M. Grandet. Son nez, gros par le bout, supportait une loupe veinée, que le vulgaire disait, non sans raison, pleine de malice. Cette figure annonçait une finesse dangereuse, une probité sans chaleur, l'égoïsme d'un homme habitué à concentrer ses sentiments dans la jouissance de l'avarice et sur le seul être qui lui fût réellement de quelque chose, sa fille Eugénie, sa seule héritière. Attitude, manières, démarche, tout en lui, d'ailleurs, attestait cette croyance en soi que donne l'habitude d'avoir toujours réussi dans ses entreprises. Aussi, quoique de mœurs faciles et molles en apparence, M. Grandet avait-il un caractère de bronze. Toujours vêtu de la même manière, qui le voyait aujourd'hui le voyait tel qu'il était depuis 1791. Ses forts souliers se nouaient avec des cordons de cuir; il portait en tout temps des bas de laine drapés, une culotte courte de gros drap marron à boucles d'argent, un gilet de velours à raies alternativement jaunes et puce, boutonné carrément, un large habit marron à grands pans, une cravate noire et un chapeau de quaker. Ses gants, aussi solides que ceux des gendarmes, lui duraient vingt mois, et, pour les conserver propres, il les posait sur le bord de son chapeau à la même place, par un geste méthodique. Saumur ne savait rien de plus sur ce personnage. »

XXVIII

Voici maintenant la maison, le lieu du supplice.

« La maison à M. Grandet, cette maison pâle, froide, silencieuse, était située en haut de la ville et abritée par les ruines des remparts. Les deux piliers et la voûte formant la baie de la porte avaient été, comme la maison, construits en tuffeau, pierre blanche particulière au littoral de la Loire, et si molle que sa durée moyenne est à peine de deux cents ans. Les trous inégaux et nombreux que les intempéries du climat y avaient bizarrement pratiqués donnaient au cintre et aux jambages de la baie l'apparence des pierres vermiculées de l'architecture française, et quelque ressemblance avec le porche d'une geôle. Au-dessus du cintre régnait un long bas-relief de pierre dure sculptée, représentant les quatre saisons, figures déjà rongées et toutes noires. Ce bas-relief était surmonté d'une plinthe saillante, sur laquelle s'élevaient plusieurs de ces végétations dues au hasard, des pariétaires jaunes, des liserons, des convolvulus, du plantain et un petit cerisier assez haut déjà. La porte, en chêne massif, brune, desséchée, fendue de toutes parts, frêle en apparence, était solidement maintenue par le système de ses boulons, qui figuraient des dessins symétriques. Une grille carrée, petite, mais à barreaux serrés et rouges de rouille, occupait le milieu de la porte bâtarde et servait, pour ainsi dire, de motif à un marteau qui s'y rattachait par un anneau et frappait sur la tête grimaçante d'un maître clou. Ce marteau, de forme oblongue et du genre de ceux que nos ancêtres nommaient jacquemart, ressemblait à un gros point d'admiration ; en l'examinant avec attention, un antiquaire y aurait retrouvé quelques indices de la figure essentiellement bouffonne qu'il représentait jadis, et qu'un long usage avait effacée. Par la petite grille, destinée à reconnaître les amis au temps des guerres civiles,

les curieux pouvaient apercevoir, au fond d'une voûte obscure et verdâtre, quelques marches dégradées par lesquelles on montait dans un jardin que bornaient pittoresquement des murs épais, humides, pleins de suintements et de touffes d'arbustes malingres. Ces murs étaient ceux du rempart, sur lequel s'élevaient les jardins de quelques maisons voisines. Au rez-de-chaussée de la maison, la pièce la plus considérable était une *salle* dont l'entrée se trouvait sous la voûte de la porte cochère. Peu de personnes connaissent l'importance d'une salle dans les petites villes de l'Anjou, de la Touraine et du Berry. La salle est à la fois l'antichambre; le salon, le cabinet, le boudoir, la salle à manger; elle est le théâtre de la vie domestique, le foyer commun; là le coiffeur du quartier venait couper deux fois l'an les cheveux de M. Grandet; là entraient les fermiers, le curé, le sous-préfet, le garçon meunier. Cette pièce, dont les deux croisées donnaient sur la rue, était planchéiée; des panneaux gris, à moulures antiques, la boisaient de haut en bas; son plafond se composait de poutres apparentes, également peintes en gris, dont les entre-deux étaient remplis de blanc en bourre qui avait jauni. Un vieux cartel de cuivre, incrusté d'arabesques en écaille, ornait le manteau de la cheminée en pierre blanche, mal sculptée, sur lequel était une glace verdâtre, dont les côtés, coupés en biseau pour en montrer l'épaisseur, reflétaient un filet de lumière le long d'un trumeau gothique en acier damasquiné. Les deux girandoles de cuivre doré qui décoraient chacun des coins de la cheminée étaient à deux fins : en enlevant les roses qui leur servaient de bobèches, et dont la maîtresse branche s'adaptait au piédestal de marbre bleuâtre agencé de vieux cuivre, ce piédestal formait un chandelier pour les petits jours. Les siéges, de forme antique, étaient garnis en tapisseries représentant les fables de La Fontaine ; mais il fallait le savoir pour en reconnaître les sujets, tant les couleurs passées et les figures criblées de reprises se voyaient difficilement. Aux quatre angles de cette salle se trouvaient des encoignures, espèces de buffets terminés par de crasseuses étagères. Une vieille table à jouer en marqueterie, dont le dessus faisait échiquier, était placée dans le tableau qui séparait les deux fenêtres. Au-dessus de cette table, il y avait un baromètre ovale, à bordure noire, enjolivé par des rubans de bois doré, où les mouches avaient si licencieusement folâtré que la dorure en était un problème. Sur la paroi opposée à la cheminée, deux portraits au pastel étaient censés représenter l'aïeul de madame Grandet, le vieux M. de La Bertellière, en lieutenant des gardes-françaises, et défunte madame Gentillet, en bergère. Aux deux fenêtres étaient drapés des rideaux en gros de Tours rouge, relevés par des cordons de soie à glands d'église. Cette luxueuse décoration, si peu en harmonie avec les habitudes de Grandet, avait été comprise dans l'achat de la maison, ainsi que le trumeau, le cartel, le meuble en tapisserie et les encoignures en bois de rose. Dans la croisée la plus rapprochée de la porte, se trouvait une chaise de paille dont les pieds étaient montés sur des patins, afin d'élever madame Grandet à une hauteur qui lui permît de voir les passants.

» Une travailleuse en bois de merisier déteint remplissait l'embrasure, et le petit fauteuil d'Eugénie Grandet était placé tout auprès. Depuis quinze ans, toutes les journées de la mère et de la fille s'étaient paisiblement écoulées à cette place, dans un travail constant, à compter du mois d'avril jusqu'au mois de novembre. Le premier de ce dernier mois, elles pouvaient prendre leur station d'hiver à la cheminée. Ce jour-là seulement Grandet permettait qu'on allumât le feu dans la salle, et il le faisait éteindre le trente et un mars, sans avoir égard ni aux premiers froids du printemps ni à ceux de l'automne.

» Une chaufferette, entretenue avec la braise provenant du feu de la cuisine, que la grande Nanon leur réservait en usant d'adresse, aidait madame et mademoiselle Grandet à passer les matinées ou les soirées les plus fraîches des mois d'avril et d'octobre. La mère et la fille entretenaient tout le linge de la maison, et employaient si consciencieusement leurs journées à ce véritable labeur d'ouvrière, que, si Eugénie voulait broder une collerette à sa mère, elle était forcée de prendre sur ses heures de sommeil, en trompant son père pour avoir de la lumière. Depuis longtemps l'avare distribuait la chandelle à sa fille et à la grande Nanon, de même qu'il distribuait dès le matin le pain et les denrées nécessaires à la consommation journalière.

» La grande Nanon était peut-être la seule créature humaine capable d'accepter le despotisme de son maître. Toute la ville l'enviait à M. et à madame Grandet. La grande Nanon, ainsi nommée à cause de sa taille haute de cinq pieds huit pouces, appartenait à Grandet depuis trente-cinq ans. Quoiqu'elle n'eût que soixante livres de gages, elle passait pour une des plus riches servantes de Saumur. Ces soixante livres, accumulées depuis trente-cinq ans, lui avaient permis de placer récemment quatre mille livres en viager chez maître Cruchot. Ce résultat des longues et persistantes économies de la grande Nanon parut gigantesque. Chaque servante, voyant à la pauvre sexagénaire du pain pour ses vieux jours, était jalouse d'elle, sans penser au dur servage par lequel il avait été acquis. A l'âge de vingt-deux ans, la pauvre fille n'avait pu se placer chez personne, tant sa figure semblait repoussante ; et certes ce sentiment était bien injuste : sa figure eût été fort admirée sur les épaules d'un grenadier de la garde ; mais en tout il faut, dit-on, l'à-propos. Forcée de quitter une ferme incendiée où elle gardait les vaches, elle vint à Saumur, où elle chercha du service, animée de ce robuste courage qui ne se refuse à rien. Le père Grandet pensait alors à se marier, et voulait déjà monter son ménage. Il avisa cette fille rebutée de porte en porte. Juge de la force corporelle en sa qualité de tonnelier, il devina le parti qu'on pouvait tirer d'une créature femelle taillée en Hercule, plantée sur ses pieds comme un chêne de soixante ans sur ses racines, forte des hanches, carrée du dos, ayant des mains de charretier et une probité vigoureuse comme l'était son intacte vertu. Ni les verrues qui ornaient ce visage martial, ni le teint de brique, ni les bras nerveux, ni les haillons de la Nanon n'épouvantèrent le tonnelier, qui se trouvait encore dans l'âge où le cœur tressaille. Il vêtit alors, chaussa, nourrit la pauvre fille, lui donna des gages, et l'employa sans trop la rudoyer. En se voyant ainsi accueillie, la grande Nanon pleura secrètement de joie et s'attacha sincèrement au tonnelier, qui d'ailleurs l'exploita féodalement. Nanon faisait tout : elle faisait la cuisine, elle faisait les buées, elle allait laver le linge à la Loire, le rapportait sur ses épaules ; elle se levait au jour, se couchait tard ; faisait à manger à tous les vendangeurs pendant les récoltes, surveillait les halleboteurs ; défendait, comme un chien fidèle, le bien de son maître ; enfin, pleine d'une confiance aveugle en lui, elle obéissait sans murmure à ses fantaisies les plus saugrenues. Lors de la fameuse année 1811, dont la récolte coûta des peines inouïes, après vingt ans de service, Grandet résolut de donner sa vieille montre à Nanon, seul présent qu'elle reçut jamais de lui. Quoiqu'il lui abandonnât ses vieux souliers (elle pouvait les mettre), il est impossible de considérer le profit trimestriel des souliers de Grandet comme un cadeau, tant ils étaient usés. La nécessité rendit cette pauvre fille si avare que Grandet avait fini par l'aimer comme on aime un chien, et Nanon s'était laissé mettre au cou un collier garni de pointes dont les piqûres ne la piquaient plus. Si Grandet coupait le pain avec un peu trop de parcimonie, elle ne s'en plaignait pas; elle participait gaîment aux profits hygiéniques que procurait le régime sévère de la maison, où jamais personne n'était malade. Puis la Nanon faisait partie de la famille : elle riait quand riait Grandet, s'attristait, gelait, se chauffait, travaillait avec lui. Combien de douces compensations dans cette égalité! Jamais le maître n'avait reproché à la servante ni l'alberge ou la pêche de vigne, ni les prunes ou les brugnons mangés sous l'arbre. « Allons, régale-toi, Nanon, » lui disait-il dans les années où les branches pliaient sous les fruits que les fermiers étaient obligés de donner aux cochons. Pour une fille des champs qui dans sa jeunesse n'avait récolté que de mauvais traitements, pour une pauvresse recueillie par charité, le rire équivoque du père Grandet était un vrai rayon de soleil. D'ailleurs

8.

le cœur simple, la tête étroite de Nanon ne pouvaient contenir qu'un sentiment et une idée. Depuis trente-cinq ans, elle se voyait toujours arrivant devant le chantier du père Grandet, pieds nus, en haillons, et entendait toujours le tonnelier lui disant : « Que voulez-vous, ma mignonne? » Et sa reconnaissance était toujours jeune. Quelquefois Grandet, songeant que cette pauvre créature n'avait jamais entendu le moindre mot flatteur, qu'elle ignorait tous les sentiments doux que la femme inspire, et pouvait comparaître un jour devant Dieu, plus chaste que ne l'était la vierge Marie elle-même, Grandet, saisi de pitié, disait en la regardant : « Cette pauvre Nanon ! » Son exclamation était toujours suivie d'un regard indéfinissable que lui jetait la vieille servante. Ce mot, dit de temps à autre, formait depuis longtemps une chaîne d'amitié non interrompue, et à laquelle chaque exclamation ajoutait un chaînon. Cette pitié, placée au cœur de Grandet et prise tout en gré pour la vieille fille, avait je ne sais quoi d'horrible. Cette atroce pitié d'avare, qui réveillait mille plaisirs au cœur du vieux tonnelier, était pour Nanon sa somme de bonheur. Qui ne dira pas aussi : « Pauvre Nanon ! » Dieu reconnaîtra ses anges aux inflexions de leur voix et de leurs mystérieux regrets. Il y avait dans Saumur une grande quantité de ménages où les domestiques étaient mieux traités, mais où les maîtres n'en recevaient néanmoins aucun contentement. De là cette autre phrase : « Qu'est-ce que les Grandet font donc à leur grande Nanon pour qu'elle leur soit si attachée ? Elle passerait dans le feu pour eux ! » Sa cuisine, dont les fenêtres grillées donnaient dans la cour, était toujours propre, nette, froide, véritable cuisine d'avare, où rien ne devait se perdre. Quand Nanon avait lavé sa vaisselle, serré les restes du dîner, éteint son feu, elle quittait sa cuisine, séparée de la salle par un couloir, et venait filer du chanvre auprès de ses maîtres. Une seule chandelle suffisait à la famille pour la soirée. La servante couchait au fond de ce couloir, dans un bouge éclairé par un jour de souffrance. Sa robuste santé lui permettait d'habiter impunément cette espèce de trou, d'où elle pouvait entendre le moindre bruit par le silence profond qui régnait nuit et jour dans la maison. Elle devait, comme un dogue chargé de la police, ne dormir que d'une oreille et se reposer en veillant. »

XXIX

» Le jour de la fête de sa fille Eugénie, les amis de Grandet se réunissaient pour lui apporter des vœux et des fleurs, et aussi pour se mettre sur les rangs afin de prendre date pour leurs enfants comme candidats à la main de sa fille. »

XXX

« A ce moment on sonne à la porte ; c'est un de ses neveux, beau jeune homme de Paris, son neveu, fils de son frère Victor Grandet, qui vient, sur le conseil de son père, passer quelques jours avec lui.

» M. Charles Grandet, beau jeune homme de vingt-deux ans, produisait en ce moment un singulier contraste avec les bons provinciaux que déjà ses manières aristocratiques révoltaient passablement, et que tous étudiaient pour se moquer de lui. Ceci veut une explication. A vingt-deux ans, les jeunes gens sont encore assez voisins de l'enfance pour se laisser aller à des enfantillages. Aussi, peut-être, sur cent d'entre eux, s'en rencontrerait-il bien quatre-vingt-dix-neuf qui se seraient conduits comme se conduisait Charles Grandet. Quelques jours avant cette soirée, son père lui avait dit d'aller pour quelques mois chez son frère de Saumur. Peut-être M. Grandet de Paris pensait-il à Eugénie. Charles, qui tombait en province pour la première fois, eut la pensée d'y paraître avec supériorité. Une cargaison de futilités parisiennes aussi complète qu'il était possible de la faire, et où, depuis la cravache qui sert à commencer un duel jusqu'aux beaux pistolets ciselés qui le terminent, se trouvaient tous les instruments aratoires dont se sert un jeune oisif pour labourer la vie. Son père lui ayant dit de voyager seul et modestement, il était venu dans le coupé de la diligence retenu pour lui seul, assez content de ne pas gâter une délicieuse voiture de voyage commandée pour aller au-devant de son Annette, la grande dame que... etc., et qu'il devait rejoindre en juin prochain aux eaux de Baden. Charles comptait rencontrer cent personnes chez son oncle, chasser à courre dans les forêts de son oncle, y vivre enfin de la vie de château ; il ne savait pas le trouver à Saumur, où il ne s'était informé de lui que pour demander le chemin de Froidfond; mais, en le sachant en ville, il crut l'y voir dans un grand hôtel.

Afin de débuter convenablement chez son oncle, soit à Saumur, soit à Froidfond, il avait fait la toilette de voyage la plus coquette, la plus simplement recherchée, la plus adorable, pour employer le mot qui, dans ce temps, résumait les perfections spéciales d'une chose ou d'un homme. A Tours, un coiffeur venait de lui refriser ses beaux cheveux châtains; il y avait changé de linge et mis une cravate de satin noir, combinée avec un col rond, de manière à encadrer agréablement sa blanche et rieuse figure. Une redingote de voyage à demi boutonnée lui pinçait la taille et laissait voir un gilet de cachemire à châle, sous lequel était un second gilet blanc. Sa montre, négligemment abandonnée au hasard dans une poche, se rattachait par une courte chaîne d'or à l'une des boutonnières. Son pantalon gris se boutonnait sur les côtés, où des dessins brodés en soie noire enjolivaient les coutures. Il maniait agréablement une canne, dont la pomme d'or sculptée n'altérait point la fraîcheur de ses gants gris. Enfin, sa casquette était d'un goût excellent. Un Parisien, un Parisien de la sphère la plus élevée, pouvait seul s'agencer ainsi sans paraître ridicule, et donner une harmonie de fatuité à toutes ces niaiseries, que soutenait d'ailleurs un air brave, l'air d'un jeune homme qui a de beaux pistolets, le coup sûr et Annette. »

XXXI

La vue inattendue de ce beau jeune homme, son cousin, contraste avec la vieille et vulgaire société de son père; elle inspire à la jeune personne un sentiment qui n'est pas encore de l'amour, mais qui anime l'indifférence. Elle invente, avec sa mère et Nanon, tous les moyens de déguiser la parcimonie de son père et la nudité de la maison. Ce sont là de ces jeux de comédie domestique trouvés par un sentiment naïf et touchant qui intéressent vivement le lecteur.

Mais, le soir, un événement tragique vint compliquer la situation et développer admirablement le caractère du père Grandet. Pendant que ses amis sont là, il reçoit une lettre de son frère de Paris, qui lui apprend qu'il a fait faillite et qu'il va se tuer ; il lui recommande sa femme et son fils.

Cette lettre arracherait des larmes à un rocher : le père Grandet la lit tout bas, sans donner aucun signe d'émotion. Il replie le papier sous le même pli et le met dans sa poche, puis il attend que la société prenne congé. Il conduit son neveu dans sa chambre. Il revient après cela raconter à sa femme et à sa fille le malheur du jeune cousin. Le lendemain, il l'informe froidement lui-même et le laisse dans le désespoir et dans les larmes ; puis il va tranquillement acheter des prairies sur la Loire, et fait le compte minutieux de ce qu'il gagnera en plantant des peupliers sur le bord de la rivière et en les faisant croître aux frais du gouvernement ; il rentre, heureux d'un marché qui lui assure un énorme bénéfice.

Pendant ce temps-là, sa fille Eugénie descend au jardin et rêve à la fois d'amour et de pitié pour le jeune homme enfermé dans sa douleur. La description de ce sauvage jardin est digne de *Paul et Virginie :*

« Dans la vie chaste et monotone des jeunes filles, il vient une heure délicieuse où le soleil pur épanche ses rayons dans l'âme, où la fleur exprime ses pensées, où les palpitations du cœur communiquent au cerveau leur chaude fécondance, et fondent les idées en un vague désir; jour d'innocente mélancolie et de suaves joyeusetés. Quand les enfants commencent à voir, ils sourient; quand une fille entrevoit le sentiment dans la nature, elle sourit comme elle souriait enfant. Si la lumière est le premier amour de la vie, l'amour n'est-il pas la lumière du cœur? Le moment de voir clair aux choses d'ici-bas était arrivé pour Eugénie. Matinale comme toutes les filles de province, elle se leva de bonne heure, fit sa prière, et commença l'œuvre de sa toilette, occupation qui désormais allait avoir un sens. Elle lissa d'abord ses cheveux châtains, tordit leurs grosses nattes au-dessus de sa tête avec le plus grand soin, en évitant que les cheveux ne s'échappassent de leurs tresses, et introduisit dans sa coiffure une symétrie qui rehaussa la timide candeur de son visage, en accordant la simplicité des accessoires à la naïveté des lignes. En se lavant plusieurs fois les mains dans de l'eau pure qui lui durcissait et rougissait la peau, elle regarda ses beaux bras ronds, et se demanda ce que faisait son cousin pour avoir les

mains si mollement blanches, les ongles si bien
façonnés. Elle mit des bas neufs et ses plus
jolis souliers. Elle se laça droit, sans passer
d'œillets. Enfin, souhaitant, pour la première
fois de sa vie, de paraître à son avantage, elle
connut le bonheur d'avoir une robe fraîche,
bien faite, et qui la rendait attrayante. Quand
sa toilette fut achevée, elle entendit sonner
l'horloge de la paroisse, et s'étonna de ne
compter que sept heures. Le désir d'avoir tout
le temps nécessaire pour se bien habiller l'a-
vait fait lever trop tôt. Ignorant l'art de rema-
nier dix fois une boucle de cheveux et d'en
étudier l'effet, Eugénie se croisa tout bonnement les bras, s'assit à sa fenêtre, contempla
la cour, le jardin étroit et les hautes terrasses
qui le dominaient; vue mélancolique, bornée,
mais qui n'était pas dépourvue des mystérieuses
beautés particulières aux endroits solitaires
ou à la nature inculte. Auprès de la cuisine se
trouvait un puits entouré d'une margelle, et
à poulie maintenue dans une branche de fer
courbée, qu'embrassait une vigne aux pam-
pres flétris, rougis, brouis par la saison. De là,
le tortueux sarment gagnait le mur, s'y atta-
chait, courait le long de la maison, et finissait
sur un bûcher où le bois était rangé avec au-

tant d'exactitude que peuvent l'être les livres
d'un bibliophile. Le pavé de la cour offrait
ces teintes noirâtres produites avec le temps
par les mousses, par les herbes, par le défaut
de mouvement. Les murs épais présentaient
leur chemise verte, ondée de longues traces
brunes. Enfin les huit marches qui régnaient au
fond de la cour et menaient à la porte du jardin étaient disjointes et ensevelies sous de
hautes plantes comme le tombeau d'un chevalier enterré par sa veuve au temps des croisades. Au-dessus d'une assise de pierres toutes
rongées s'élevait une grille de bois pourri, à
moitié tombée de vétusté, mais à laquelle se
mariaient à leur gré des plantes grimpantes.
De chaque côté de la porte à claire-voie s'avan-
çaient les rameaux tortus de deux pommiers ra-
bougris. Trois allées parallèles, sablées et séparées par des carrés, dont les terres étaient
maintenues au moyen d'une bordure en buis,
composait ce jardin que terminait, au bas de
la terrasse, un couvert de tilleuls. A un bout,
des framboisiers; à l'autre, un immense noyer
qui inclinait ses branches jusque sur le cabinet du tonnelier. Un jour pur et le beau soleil
des automnes naturels aux rives de la Loire,
commençaient à dissiper le glacis imprimé par

la nuit aux pittoresques objets, aux murs, aux plantes qui meublaient ce jardin et la cour. Eugénie trouva des charmes tout nouveaux dans l'aspect de ces choses, auparavant si ordinaires pour elle. Mille pensées confuses naissaient dans son âme et y croissaient à mesure que croissaient au dehors les rayons du soleil. Elle eut enfin ce mouvement de plaisir vague, inexplicable, qui enveloppe l'être moral, comme un nuage envelopperait l'être physique. Ses réflexions s'accordaient avec les détails de ce singulier paysage, et les harmonies de son cœur firent alliance avec les harmonies de la nature. Quand le soleil atteignit un pan de mur, d'où tombaient des cheveux de Vénus aux feuilles épaisses, à couleurs changeantes comme la gorge des pigeons, de célestes rayons d'espérance illuminèrent l'avenir pour Eugénie, qui désormais se plut à regarder ce pan de mur, ses fleurs pâles, ses clochettes bleues et ces herbes fanées, auxquelles se mêla un souvenir gracieux comme ceux de l'enfance. Le bruit que chaque feuille produisait dans cette cour sonore, en se détachant de son rameau, donnait une réponse aux secrètes interrogations de la jeune fille, qui serait restée là pendant toute la journée sans s'apercevoir de la fuite des heures. Puis vinrent de tumultueux mouvements d'âme. Elle se leva fréquemment, se mit devant son miroir, et s'y regarda comme un auteur de bonne foi contemple son œuvre pour se critiquer et se dire des injures à lui-même.

« Je ne suis pas assez belle pour lui. » Telle était la pensée d'Eugénie, pensée humble et fertile en souffrances. La pauvre fille ne se rendait pas justice ; mais la modestie, ou mieux la crainte, est une des premières vertus de l'amour. Eugénie appartenait bien à ce type d'enfants fortement constitués, comme ils le sont dans la petite bourgeoisie, et dont les beautés paraissent vulgaires ; mais, si elle ressemblait à Vénus de Milo, ses formes étaient ennoblies par cette suavité du sentiment chrétien qui purifie la femme et lui donne une distinction inconnue aux sculpteurs anciens.

Elle avait une tête énorme, le front masculin, mais délicat, du Jupiter de Phidias, et des yeux gris auxquels sa chaste vie, en s'y portant tout entière, imprimait une lumière jaillissante. Les traits de son visage rond, jadis frais et rose, avaient été grossis par une petite vérole assez clémente pour n'y point laisser de traces, mais qui avait détruit le velouté de la peau, néanmoins si douce et si fine encore, que le pur baiser de sa mère y traçait passagèrement une marque rouge. Son nez était un peu trop fort, mais il s'harmoniait avec une bouche d'un rouge de minium, dont les lèvres à mille raies étaient pleines d'amour et de bonté. Le col avait une rondeur parfaite. Le corsage bombé, soigneusement voilé, attirait le regard et faisait rêver; il manquait sans doute un peu de la grâce due à la toilette; mais, pour les connaisseurs, la non-flexibilité de cette haute taille devait être un charme. Eugénie, grande et forte, n'avait donc rien du joli qui plaît aux masses; mais elle était belle de cette beauté si facile à reconnaître, et dont s'éprennent seulement les artistes. Le peintre qui cherche ici-bas un type à la céleste pureté de Marie, qui demande à toute la nature féminine ces yeux modestement fiers devinés par Raphaël, ces lignes vierges, souvent dues aux hasards de la conception, mais qu'une vie chrétienne et pudique peut seule conserver ou faire acquérir; ce peintre, amoureux d'un si rare modèle, eût trouvé tout à coup dans le visage d'Eugénie la noblesse innée qui s'ignore; il eût vu sous un front calme un monde d'amour, et, dans la coupe des yeux, dans l'habitude des paupières, le je ne sais quoi divin. Ses traits, les contours de sa tête, que l'expression du plaisir n'avait jamais ni altérés ni fatigués, ressemblaient aux lignes d'horizon si doucement tranchées dans le lointain des lacs tranquilles. Cette physionomie calme, colorée, bordée de lueur comme une jolie fleur éclose, reposait l'âme, communiquait le charme de la conscience qui s'y reflétait, et commandait le regard. Eugénie était encore sur la rive de la vie où fleurissent les illusions enfantines, où se cueillent les marguerites avec des délices plus tard inconnues. Aussi se dit-elle en se mirant, sans savoir encore ce qu'était l'amour : « Je suis trop laide, il ne fera pas attention à moi. »

Puis elle ouvrit la porte de sa chambre qui donnait sur l'escalier, et tendit le cou pour écouter les bruits de la maison. « Il ne se lève pas, » pensa-t-elle, en entendant la tousserie matinale de Nanon, et la bonne fille allant, venant, balayant la salle, allumant son feu, enchaînant le chien et parlant à ses bêtes dans l'écurie.

Aussitôt Eugénie descendit, et courut à Nanon qui trayait la vache.

« Nanon, ma bonne Nanon, fais donc de la crème pour le café de mon cousin.

— Mais, mademoiselle, il aurait fallu s'y prendre hier, dit Nanon, qui partit d'un gros éclat de rire. Je ne peux pas faire de la crème. Votre cousin est mignon, mignon, mais vraiment mignon. Vous ne l'avez pas vu dans sa chambre, louque de soie et d'or. Je l'ai vu, moi. Il porte du linge fin comme celui du surplis de M. le curé.

— Nanon, fais-nous donc de la galette.

— Et qui me donnera du bois pour le four, et de la farine, et du beurre ? dit Nanon, laquelle, en sa qualité de premier ministre de Grandet, prenait parfois une importance énorme aux yeux d'Eugénie et de sa mère. Faut-il pas le voler, cet homme, pour fêter votre cousin ? Demandez-lui du beurre, de la farine, du bois ; il est votre père, il peut vous en donner. Tenez, le voilà qui descend pour voir aux provisions... »

Eugénie se sauva dans le jardin, tout épouvantée, en entendant trembler l'escalier sous le pas de son père. Elle éprouvait déjà les effets de cette profonde pudeur et de cette conscience particulière de notre bonheur qui nous fait croire, non sans raison peut-être, que nos pensées sont gravées sur notre front et sautent aux yeux d'autrui. En s'apercevant enfin du froid dénûment de la maison paternelle, la pauvre fille concevait une sorte de dépit de ne pouvoir la mettre en harmonie avec l'élégance de son cousin. Elle éprouva un besoin passionné de faire quelque chose pour lui : quoi? elle n'en savait rien, naïve et vraie, elle se laissait aller à sa nature angélique sans se défier ni de ses impressions ni de ses sentiments. Le seul aspect de son cousin avait éveillé chez elle les penchants naturels de la femme, et ils durent se déployer d'autant plus vivement qu'ayant atteint sa vingt-troisième année, elle se trouvait dans la plénitude de son intelligence et de ses désirs. Pour la première fois, elle eut dans le cœur de la terreur à l'aspect de son père, vit en lui le maître de son sort, et se crut coupable d'une faute en lui taisant quelques pensées. Elle se mit à marcher à pas précipités, en s'étonnant de respirer un air plus pur, de sentir les rayons du soleil plus vivifiants, et d'y puiser une chaleur morale, une vie nouvelle. Pendant qu'elle cherchait un artifice pour obtenir la galette, il s'élevait entre la grande Nanon et Grandet une de ces querelles aussi rares entre eux que le sont les hirondelles en hiver. Muni de ses clefs, le bonhomme était venu pour mesurer les vivres nécessaires à la consommation de la journée.

« Reste-t-il du pain d'hier ? » dit-il à Nanon.

Grandet sort et vend pour 200,000 francs de ses vins en se promenant sur la place devant le café, et les deux femmes vont par pitié et les pieds nus écouter à la porte du cousin les gémissements de sa douleur. Eugénie s'enhardit à entrer à un de ses sanglots; elle le voit dans son désespoir et se retire plus attendrie que jamais.

« Que fait-il? dit Grandet à la servante Nanon.
— Il dort.
— Tant mieux, il n'a pas besoin de bougie. »

Il veut profiter de l'occasion pour un double coup d'avare. Il fait venir un de ses confidents de Saumur, le charge d'aller à Paris négocier un accommodement avec les créanciers de son frère mort. Il lui donne 500,000 francs pour les désintéresser; mais, pour gagner plus encore sur cette opération, il rassemble tout son or cerclé en barils, et va dans la nuit les changer en effets à Nantes, de façon à bénéficier encore 40,000 francs sur le prix de l'or. Puis, la rente sur l'État étant à 90 alors, il place un million sur la rente, revenu net sans impôts, et le confie le matin à son fondé de pouvoirs.

L'amour naissant continuait à éclore; le matin, le neveu et la cousine causaient ensemble dans le petit jardin, à l'ombre du noyer. Ils avaient échangé en secret un somptueux nécessaire de voyage qui lui venait de sa mère contre des pièces d'or rares recueillies par le père Grandet, et dont il faisait de temps en temps cadeau à sa fille pour les lui redemander quand il voulait les contempler ou en jouir. C'était une grande imprudence à Eugénie. — C'est ainsi que l'amour naissait. « N'y a-t-il pas, dit Balzac, de gracieuses similitudes entre les commencements de l'amour et ceux de la vie, et ne berce-t-on pas l'enfant par de doux chants et d'aimables regards? Ne lui dit-on pas de merveilleuses histoires qui lui dorent l'avenir? Pour lui, l'espérance ne déploie-t-elle pas incessamment ses ailes radieuses? Ne verse-t-il pas tour à tour des larmes de joie et de douleur? Ne se querelle-t-il pas pour des riens, pour des cailloux avec lesquels il essaye de se bâtir un mobile palais, pour des bouquets aussitôt oubliés que coupés? N'est-il pas avide de saisir le temps, d'avancer dans la vie? L'amour est notre seconde transformation. L'enfance et l'amour furent même chose entre Eugénie et Charles : ce fut la passion première, avec tous ses enfantillages, d'autant plus caressants pour leurs cœurs qu'ils étaient enveloppés de mélancolie. En se débattant, à sa naissance, sous les crêpes du deuil, cet amour n'en était d'ailleurs que mieux en harmonie avec la simplicité provinciale de cette maison en ruine. En échangeant quelques mots avec sa cousine au bord du puits, dans cette cour muette; en restant dans ce jardinet, assis sur un banc moussu, jusqu'à l'heure où le soleil se couchait, occupés à se dire de grands riens ou recueillis dans le calme qui régnait entre le rempart et la maison, comme on l'est sous les arcades d'une église, Charles comprit la sainteté de l'amour. »

XXXII

Le père Grandet s'était décidé à payer le voyage de son neveu pour les Indes jusqu'à l'embarquement à Nantes. Le neveu, de son côté, avait écrit à Paris de vendre tous ses objets personnels; il en avait reçu un peu d'argent; il montra de plus à son oncle des bijoux. L'oncle lui proposa d'aller les vendre pour lui dans la ville, en retenant un certain bénéfice. Charles, son neveu, donna en souvenirs quelques petits bijoux à sa tante, à son oncle et à sa cousine, Il donna à Eugénie et il en reçut le premier baiser furtif, dans le couloir, entre deux portes : « Chère Eugénie, lui murmura-t-il, un cousin est mieux qu'un frère, il peut t'épouser!

— Ainsi soit-il, » dit Nanon.

Enfin ils se jurèrent mariage et éternel amour au moment où Charles lui remit sa cassette en secret.

Charles partit. Tout était en larmes.

— Bon voyage! s'écria l'oncle délivré du fardeau des convenances.

XXXIII

L'oncle revisa sa fortune. Il obtint aisément le désistement des créanciers de son frère à 47 pour 100. Sa richesse à lui s'élevait alors à une inscription de cent mille livres de rente à Paris, deux millions quatre cent mille francs en or; la terre de Froidfond et tous ses biens autour de Saumur : le tout approchant de dix-sept millions. Sa parcimonie et ses ruses ne faisaient que croître. Eugénie, pendant ce temps-là, priait pour Charles.

Cependant le jour de l'épreuve était arrivé ; une angoisse terrible pesait sur la mère et la fille. Elles firent tout pour distraire le père Grandet, tout fut inutile. « Pour Charles, se disait Eugénie, je souffrirais mille morts! Je n'avouerai rien!

A cette pensée, elle jetait à sa mère des regards flamboyants de courage.

— Ote tout cela, dit Grandet à Nanon, quand, vers onze heures, le déjeuner fut achevé; mais laisse-nous la table. Nous serons plus à l'aise pour voir ton petit trésor, dit-il en regardant Eugénie. Petit! ma foi, non. Tu possèdes, valeur intrinsèque, cinq mille neuf cent cinquante-neuf francs, et quarante de ce matin, cela fait six mille francs moins un. Eh bien! je te donnerai, moi, ce franc pour compléter la somme, parce que, vois-tu, fifille... Eh bien! pourquoi nous écoutes-tu? Montre-moi tes talons, Nanon, et va faire ton ouvrage, » dit le bonhomme. Nanon disparut. « Écoute, Eugénie, il faut que tu me donnes ton or. Tu ne le refuseras pas à ton pépère, ma petite fifille, hein? » Les deux femmes étaient muettes, « Je n'ai plus d'or, moi. J'en avais, je n'en ai plus. Je te rendrai six mille francs en livres, et tu vas les placer comme je vais te le dire. Il ne faut plus penser au douzain. Quand je te marierai, ce qui sera bientôt, je te trouverai un futur qui pourra t'offrir le plus beau douzain dont on aura jamais parlé dans la province. Écoute donc, fifille. Il se présente une belle occasion : tu peux mettre tes six mille francs dans le gouvernement, et tu en auras tous les six mois près de deux cents francs d'intérêts, sans impôts, ni réparations, ni grêle, ni gelée, ni marée, ni rien de ce qui tracasse les revenus. Tu répugnes peut-être à te séparer de ton or, hein, fifille ? Apporte-le-moi tout de même. Je te ramasserai des pièces d'or, des hollandaises, des portugaises, des roupies de Mogol, des génovines ; et avec celles que je te donnerai à tes fêtes, en trois ans tu auras rétabli la moitié de ton joli petit trésor en or. Que dis-tu, fifille ? Lève donc le nez. Allons, va le chercher, le mignon. Tu devrais me baiser sur les yeux pour te dire ainsi des secrets et des mystères de vie et de mort pour les écus. Vraiment, les écus vivent et grouillent comme des hommes : ça va, ça vient, ça sue, ça produit. »

Eugénie se leva ; mais, après avoir fait quelques pas vers la porte, elle se retourna brusquement, regarda son père en face et lui dit :

« Je n'ai plus *mon* or.

—Tu n'as plus ton or ! s'écria Grandet en se redressant sur ses jarrets comme un cheval qui entend tirer le canon à dix pas de lui.

— Non, je ne l'ai plus.

— Tu te trompes, Eugénie.

— Non.

— Par la serpette de mon père ! »

Quand le tonnelier jurait ainssi, les planchers tremblaient.

« Bon saint bon Dieu ! voilà madame qui pâlit ! cria Nanon.

— Grandet, ta colère me fera mourir, dit la pauvre femme.

— Ta ta ta ta, vous autres, vous ne mourez jamais dans votre famille ! Eugénie, qu'avez-vous fait de vos pièces ? cria-t-il en fondant sur elle.

— Monsieur, dit la fille aux genoux de madame Grandet, ma mère souffre beaucoup. Voyez, ne la tuez pas. »

Grandet fut épouvanté de la pâleur répandue sur le teint de sa femme, naguère si jaune.

« Nanon, venez m'aider à me coucher, dit la mère d'une voix faible. Je meurs. »

Aussitôt Nanon donna le bras à sa maîtresse ; autant en fit Eugénie, et ce ne fut pas sans des peines infinies qu'elles purent la monter chez elle, car elle tombait en défaillance de marche en marche. Grandet resta seul. Néanmoins, quelques moments après, il monta sept ou huit marches, et cria : « Eugénie, quand votre mère sera couchée, vous descendrez.

— Oui, mon père. »

Elle ne tarda pas à venir, après avoir rassuré sa mère.

« Ma fille, lui dit Grandet, vous allez me dire où est votre trésor.

— Mon père, si vous me faites des présents dont je ne sois pas entièrement maîtresse, reprenez-les, » répondit froidement Eugénie en cherchant le napoléon sur la cheminée et le lui présentant.

Grandet saisit vivement le napoléon et le coula dans son gousset.

« Je crois bien que je ne te donnerai plus rien. Pas seulement ça! dit-il en faisant claquer l'ongle de son pouce sous sa maîtresse dent. Vous méprisez donc votre père, vous n'avez donc pas confiance en lui, vous ne savez donc pas ce que c'est qu'un père? S'il n'est pas tout pour vous, il n'est rien. Où est votre or?

— Mon père, je vous aime et vous respecte, malgré votre colère; mais je vous ferai fort humblement observer que j'ai vingt-deux ans. Vous m'avez assez souvent dit que je suis majeure, pour que je le sache. J'ai fait de mon argent ce qu'il m'a plu d'en faire, et soyez sûr qu'il est bien placé...

— Où?

— C'est un secret inviolable, dit-elle. N'avez-vous pas vos secrets?

— Ne suis-je pas le chef de ma famille? ne puis-je avoir mes affaires?

— C'est aussi mon affaire.

— Cette affaire doit être mauvaise, si vous ne pouvez pas la dire à votre père, mademoiselle Grandet.

— Elle est excellente, et je ne puis pas la dire à mon père.

— Au moins, quand avez-vous donné votre or? » Eugénie fit un signe de tête négatif. « Vous l'aviez encore le jour de votre fête, hein? » Eugénie, devenue aussi rusée par amour, que son père l'était par l'avarice, réitéra le même signe de tête. « Mais on n'a jamais vu un pareil entêtement, ni vol pareil, dit Grandet d'une voix qui alla *crescendo* et qui fit graduellement retentir la maison. Comment! ici, dans ma propre maison, chez moi quelqu'un aura pris ton or! le seul or qu'il y avait! et je ne saurai pas qui! L'or est une chose chère. Les plus honnêtes filles peuvent faire des fautes, donner je ne sais quoi : cela se voit chez les grands seigneurs et même chez les bourgeois; mais donner de l'or, car vous l'avez donné à quelqu'un, hein? » Eugénie fut impassible. « A-t-on vu pareille fille!

Est-ce moi qui suis votre père? Si vous l'avez placé, vous en avez un reçu...

— Étais-je libre, oui ou non, d'en faire ce que bon me semblait? Était-ce à moi?

— Mais tu es un enfant.

— Majeure. »

Abasourdi par la logique de sa fille, Grandet pâlit, trépigna, jura; puis trouvant enfin des paroles, il cria : « Maudit serpent de fille! Ah! mauvaise graine, tu sais bien que je t'aime, et tu en abuses. Elle égorge son père! Pardieu, tu auras jeté notre fortune aux pieds de ce va-nu-pieds qui a des bottes de maroquin. Par la serpette de mon père! je ne peux pas te déshériter, nom d'un tonneau! mais je te maudis, toi, ton cousin et tes enfants! Tu ne verras rien arriver de bon de tout cela, entends-tu? Si c'était à Charles que... Mais, non ce n'est pas possible. Quoi! ce méchant mirliflor m'aurait dévalisé... »

Il regarda sa fille qui restait muette et froide. « Elle ne bougera pas, elle ne sourcillera pas, elle est plus Grandet que je ne suis Grandet. Tu n'as pas donné ton or pour rien, au moins? Voyons, dis. » Eugénie regarda son père, en lui jetant un regard ironique qui l'offensa. « Eugénie, vous êtes chez moi, chez votre père. Vous devez, pour y rester, vous soumettre à ses or-

dres. Les prêtres vous ordonnent de m'obéir. »
Eugénie baissa la tête. « Vous m'offensez dans
ce que j'ai de plus cher, reprit-il, je ne veux
vous voir que soumise. Allez dans votre chambre. Vous y demeurerez jusqu'à ce que je vous
permette d'en sortir. Nanon vous y portera du
pain et de l'eau. Vous m'avez entendu, marchez! »

XXXIV

Cette réclusion inexpliquée et prolongée fit beaucoup de tort à l'avare. Son notaire et ami Cruchot força la porte et lui révéla que ses sévices pouvaient contraindre sa fille, désormais majeure, à demander la licitation de ses biens. Il frémit et se disposait à changer quand, pendant une de ses absences, Eugénie apporta secrètement la cassette de Charles sur le lit de sa mère et que les deux victimes se mirent à l'examiner.

Elles tenaient en main le portrait : « C'est tout à fait son front et sa bouche! » disait Eugénie au moment où le vigneron ouvrit la porte. Au regard que jeta son mari sur l'or, madame

Grandet cria : « Mon Dieu, ayez pitié de nous ! »

Le bonhomme sauta sur le nécessaire comme un tigre fond sur un enfant endormi. « Qu'est-ce que c'est que cela ? dit-il en emportant le trésor et allant se placer à la fenêtre. Du bon or ! de l'or ! s'écria-t-il. Beaucoup d'or ! ça pèse deux livres. Ah ! ah ! Charles t'a donné cela contre tes belles pièces. Hein ! pourquoi ne me l'avoir pas dit ? C'est une bonne affaire, fifille ! Tu es ma fille, je te reconnais. » Eugénie tremblait de tous ses membres. » N'est-ce pas, ceci est à Charles ? » reprit le bonhomme.

— Oui, mon père, ce n'est pas à moi. Ce meuble est un dépôt sacré.

— Ta ta ta, il a pris ta fortune, faut te rétablir ton petit trésor.

— Mon père !... »

Le bonhomme voulut prendre son couteau pour faire sauter une plaque d'or, et fut obligé de poser le nécessaire sur une chaise. Eugénie s'élança pour le ressaisir ; mais le tonnelier, qui avait tout à la fois l'œil à sa fille et au coffret, la repoussa si violemment en étendant le bras, qu'elle alla tomber sur le lit de sa mère.

« Monsieur, monsieur ! » cria la mère en se dressant sur son lit.

Grandet avait tiré son couteau et s'apprêtait à soulever l'or.

« Mon père, cria Eugénie en se jetant à genoux et marchant ainsi pour arriver plus près du bonhomme et lever les mains vers lui, mon père, au nom de tous les saints et de la Vierge, au nom du Christ, qui est mort sur la croix, au nom de votre salut éternel, mon père, au nom de ma vie, ne touchez pas à ceci! Cette toilette n'est ni à vous ni à moi; elle est à un malheureux parent qui me l'a confiée, et je dois la lui rendre intacte.

— Pourquoi la regardais-tu, si c'est un dépôt? Voir, c'est pis que toucher.

— Mon père, ne la détruisez pas, ou vous me déshonorez. Mon père, entendez-vous?

Monsieur, grâce! dit la mère.

Mon père! » cria Eugénie d'une voix si éclatante que Nanon effrayée monta. Eugénie sauta sur un couteau qui était à sa portée et s'en arma.

— Eh bien! « lui dit froidement Grandet en souriant à froid.

— Monsieur, monsieur, vous m'assassinez! « dit la mère.

— Mon père, si votre couteau entame seulement une parcelle de cet or, je me perce de celui-ci. Vous avez déjà rendu ma mère mortellement malade ; vous tuerez encore votre fille. Allez maintenant ; blessure pour blessure ! »

Grandet tint son couteau sur le nécessaire, et regarda sa fille en hésitant.

« En serais-tu donc capable, Eugénie ? dit-il.

— Oui, monsieur, dit la mère.

— Elle le ferait comme elle le dit, cria Nanon. Soyez donc raisonnable, monsieur, une fois dans votre vie. »

Le tonnelier regarda l'or et sa fille alternativement pendant un instant. Madame Grandet s'évanouit. » La, voyez-vous, mon cher monsieur ? madame se meurt, cria Nanon.

— Tiens, ma fille ne nous brouillons pas pour un coffre. Prends donc ! s'écria vivement le tonnelier en jetant la toilette sur le lit. Toi, Nanon, va chercher M. Bergerin. Allons, la mère, dit-il en baisant la main de sa femme, ce n'est rien, va : nous avons fait la paix. Pas vrai, fifille ? Plus de pain sec, tu mangeras tout ce que tu voudras. Ah ! elle ouvre les yeux. Eh bien ! la mère, mémère, timère, allons donc ! Tiens, vois, j'embrasse Eugénie. Elle aime son cousin, elle l'épousera si elle veut, elle lui gardera le petit coffre. Mais vis longtemps, ma pauvre femme. Allons, remue donc ! Écoute, tu auras le plus beau reposoir qui se soit jamais fait à Saumur.

— Mon Dieu, pouvez-vous traiter ainsi votre femme et votre enfant? dit d'une voix faible madame Grandet.

— Je ne le ferai plus, plus, cria le tonnelier. Tu vas voir, ma pauvre femme. » Il alla à son cabinet, et revint avec une poignée de louis qu'il éparpilla sur le lit. « Tiens, Eugénie, tiens, ma femme, voilà pour vous, dit-il en maniant les louis. Allons, égaye-toi, ma femme; porte-toi bien; tu ne manqueras de rien, ni Eugénie non plus. Voilà cent louis d'or pour elle. Tu ne les donneras pas, Eugénie, ceux-là, hein? »

Madame Grandet et sa fille se regardèrent étonnées.

« Reprenez-les, mon père; nous n'avons besoin que de votre tendresse.

— Eh bien! c'est ça, dit-il en empochant les louis; vivons comme de bons amis. Descendons tous dans la salle pour dîner, pour jouer au loto tous les soirs à deux sous. Faites vos farces! Hein, ma femme?

— Hélas! je le voudrais bien, puisque cela peut vous être agréable, dit la mourante; mais je ne saurais me lever.

— Pauvre mère, dit le tonnelier, tu ne sais pas combien je t'aime. Et toi, ma fille! » Il la serra, l'embrassa. « Oh ! comme c'est bon d'embrasser sa fille après une brouille! ma fifille! Tiens, vois-tu, mémère, nous ne faisons qu'un maintenant. Va donc serrer cela, dit-il à Eugénie en lui montrant le coffret. Va, ne crains rien. Je ne t'en parlerai plus, jamais. »

M. Bergerin, le plus célèbre médecin de Saumur, arriva bientôt.

La consultation finie, il déclara positivement à Grandet que sa femme était bien mal, mais qu'un grand calme d'esprit, un régime doux et des soins minutieux pourraient reculer l'époque de sa mort vers la fin de l'automne.

« Ça coûtera-t-il cher ? dit le bonhomme; faut-il des drogues ?

— Peu de drogues, mais beaucoup de soins, répondit le médecin, qui ne put retenir un sourire.

— Enfin, monsieur Bergerin, répondit Grandet, vous êtes un homme d'honneur, pas vrai? Je me fie à vous, venez voir ma femme toutes et quantes fois vous le jugerez convenable. Conservez-moi ma bonne femme; je l'aime beaucoup, voyez-vous, sans que ça paraisse, parce que, chez moi, tout se passe en dedans et me trifouille l'âme. J'ai du chagrin. Le chagrin est entré chez moi avec la mort de mon frère, pour lequel je dépense, à Paris, des sommes... les yeux de la tête, enfin! et cela ne finit point. Adieu, monsieur; si l'on peut sauver ma femme, sauvez-la, quand même il faudrait dépenser pour ça cent ou deux cents francs. »

XXXV

Madame Grandet expira de ce dernier coup. Eugénie et son père restèrent seuls dans la maison. Le père ne songea qu'à se prémunir contre la fille; il lui soutira une renonciaton de tous les biens maternels, et lui promit une pension de 1,200 francs.

Cela dura cinq ans. En 1827, le vieillard mourut à la porte de son cabinet plein d'or. Eugénie fut reconnue posséder trois cent mille livres de rente dans l'arrondissement de Saumur, six millions étaient placés en rentes, deux millions en or, et la totalité passait dix-huit millions !

« — Où donc est mon cousin ? » dit-elle.

« A trente ans, Eugénie ne connaissait encore aucune des félicités de la vie. Sa pâle et triste enfance s'était écoulée auprès d'une mère dont le cœur méconnu, froissé, avait toujours souffert. En quittant avec joie l'existence, cette mère plaignit sa fille d'avoir à vivre, et lui laissa dans l'âme de légers remords et d'éternels regrets. Le premier, le seul amour d'Eugénie, était pour elle un principe de mélancolie. Après avoir entrevu son amant pendant quelques jours, elle lui avait donné son cœur entre deux baisers furtivement acceptés et reçus; puis il était parti, mettant tout un monde entre elle et lui. Cet amour, maudit par son père, lui avait presque coûté sa mère, et ne lui causait que des douleurs mêlées de frêles espérances. Ainsi, jusqu'alors, elle s'était élancée vers le bonheur en perdant ses forces, sans les échanger.

Dans la vie morale, aussi bien que dans la vie physique, il existe une aspiration et une respiration : l'âme a besoin d'absorber les sentiments d'une autre âme, de se les assimiler pour les lui restituer plus riches. Sans ce beau phénomène humain, point de vie au cœur; l'air lui manque alors, il souffre et dépérit. Eugénie commençait à souffrir. Pour elle, la fortune n'était ni un pouvoir ni une consolation; elle ne pouvait exister que par l'amour, par la religion, par la foi dans l'avenir. L'amour lui expliquait l'éternité. Son cœur et l'Évangile lui signalaient deux mondes à attendre. Elle se plongeait nuit et jour au sein de deux pensées infinies, qui pour elle peut-être n'en faisaient qu'une seule. Elle se retirait en elle-même, aimant et se croyant aimée. Depuis sept ans, sa passion avait tout envahi. Ses trésors n'étaient pas les millions dont les revenus s'entassaient, mais le coffret de Charles, mais les deux portraits suspendus à son lit, mais les bijoux rachetés à son père, étalés orgueilleusement sur une couche de ouate dans un tiroir du bahut ; mais le dé de sa tante, duquel s'était servie sa mère, et que tous les jours elle prenait religieusement pour travailler à une broderie, ouvrage de Pénélope, entrepris seulement pour mettre à son doigt cet or plein de souvenirs.

» Il ne paraissait pas vraisemblable que mademoiselle Grandet voulût se marier durant son deuil. Sa piété vraie était connue. Aussi la famille Cruchot, dont la politique était sagement dirigée par le vieil abbé, se contenta-t-elle de cerner l'héritière en l'entourant des soins les plus affectueux. Chez elle, tous les soirs, la salle se remplissait d'une société composée des plus chauds et des plus dévoués Cruchotins du pays qui s'efforçaient de chanter les louanges de la maîtresse du logis sur tous les tons. Elle avait le médecin ordinaire de sa chambre, son grand-aumônier, son chambellan, sa première dame d'atours, son premier ministre, son chancelier surtout, un chancelier qui voulait lui tout dire. L'héritière eût-elle désiré un porte-queue, on lui en aurait trouvé un. C'était une reine, et la plus habilement adulée de toutes les reines. La flatterie n'émane jamais des grandes âmes ; elle est l'apanage des petits esprits, qui réussissent à se rapetisser encore pour mieux entrer dans la sphère vitale de la personne autour de laquelle ils gravitent. La flatterie sous-entend un intérêt. Aussi les personnes qui venaient meubler tous les soirs la salle de mademoiselle Grandet, nommée par elles mademoiselle de Froidfond, réussissaient-elles merveilleusement à l'accabler de louanges. Ce concert d'éloges, nouveau pour Eugénie, la fit d'abord rougir ; mais insensiblement, et quelque grossiers que fussent les compliments, son oreille s'accoutuma si bien à entendre vanter sa beauté, que si quelque nouveau-venu l'eût trouvée laide, ce reproche lui aurait été plus sensible alors que huit ans auparavant. Puis elle finit par aimer des douceurs qu'elle mettait secrètement aux pieds de son idole. Elle s'habitua donc par degrés à se laisser traiter en souveraine et à voir sa cour pleine tous les soirs. M. le président de Bonfons était le héros de ce petit cercle, où son esprit, sa personne, son instruction, son amabilité, sans cesse étaient vantés. L'un faisait observer que, depuis sept ans, il avait beaucoup augmenté sa fortune; que Bonfons valait au moins dix mille francs de rente et se trouvait enclavé, comme tous les biens des Cruchot, dans les vastes domaines de l'héritière. « Savez-vous, mademoiselle, disait un habitué, que les Cruchot ont à eux quarante mille livres de rente? — Et leurs économies, reprenait une vieille Cruchotine, mademoiselle de Gribeaucourt. Un monsieur de Paris est venu dernièrement offrir à M. Cruchot deux cent mille francs de son étude. Il doit la vendre, s'il peut être nommé juge de paix. — Il veut succéder à M. de Bonfons dans la présidence du tribunal, et prend ses précautions, répondit madame d'Orsonval; car M. le président deviendra conseiller, puis président à la cour, il a trop de moyens pour ne pas arriver. — Oui, c'est un homme bien distingué, disait un autre. Ne trouvez-vous pas, mademoiselle? » M. le président avait tâché de se mettre en harmonie avec le rôle qu'il voulait jouer. Malgré ses quarante ans, malgré sa figure brune et rébarbative, flétrie comme le sont presque toutes les physionomies judiciaires, il se mettait en jeune homme, badinait avec un jonc, ne prenait point de tabac chez mademoiselle de Froidfond, y arrivait toujours en cravate blanche et en chemise dont le jabot à gros plis lui donnait un air de famille avec les individus du genre dindon. Il parlait familièrement à la belle héritière, et lui disait : « Notre chère Eugénie ! » Enfin, hormis le nombre des personnages, en remplaçant le loto par le whist et en supprimant les figures de M. et de madame Grandet, la scène par laquelle commence cette histoire était à peu près la même que par le passé. La meute poursuivait toujours Eugénie et ses millions ; mais la meute plus nombreuse aboyait mieux et cernait sa proie avec ensemble. Si Charles fût arrivé du fond des Indes, il eût donc retrouvé les mêmes personnages et les mêmes intérêts. Madame des Grassins, pour laquelle Eugénie était parfaite de grâce et de bonté, persistait à tourmenter les Cruchot. Mais alors, comme autrefois, la figure d'Eugénie eût dominé le tableau ; comme autrefois, Charles eût encore été là le souverain. Néanmoins il y avait un progrès. Le bouquet présenté jadis à Eugénie au jour de sa fête par le président était devenu périodique. Tous les soirs il apportait à la riche héritière un gros et magnifique bouquet que madame Cornoiller mettait ostensiblement dans un bocal, et jetait secrètement dans un coin de la cour, aussitôt les visiteurs partis. Au commencement du printemps madame des Grassins essaya de troubler le bonheur des Cruchotins en parlant à Eugénie du marquis de Froidfond, dont la maison ruinée pouvait se relever si l'héritière voulait lui rendre sa terre par contrat de mariage. Madame des Grassins faisait sonner la pairie, le titre de marquise, et, prenant le sourire de dédain d'Eugénie pour une approbation, elle allait disant que le mariage de M. le président Cruchot n'était pas aussi avancé qu'on le croyait. « Quoique M. de Froidfond ait cinquante ans, disait-elle, il ne paraît pas plus âgé que ne l'est M. Cruchot ; il est veuf, il a des enfants, c'est vrai ; mais il est marquis, il sera pair de France, et, par le temps qui court, trouvez donc des mariages de cet acabit. Je sais de science certaine que le père Grandet, en réunissant tous ses biens à la terre de Froidfond, avait l'intention de s'enter sur les Froidfond. Il me l'a souvent dit. Il était malin, le bonhomme ! »

— » Comment, Nanon, dit un soir Eugénie en se couchant, il ne m'écrira pas une fois en sept ans ? »

XXXVI

Balzac conduit ce roman, ou plutôt cette histoire, jusqu'à la dernière ironie de la destinée. Eugénie reçoit une lettre de son cousin qui lui annonce sa fortune faite et son retour prochain. Elle se dispose à l'épouser. Mais, en route, il trouve une famille d'émigrés qui ramène une jeune personne dont le père, aimé de Charles X, peut leur promettre la faveur du roi. Il s'y attache, et après quelques semaines de séjour à Paris, il écrit une honnête défaite à sa cousine en lui renvoyant les dix mille francs qu'elle lui a prêtés et en lui redemandant sa cassette. Eugénie dévore ses larmes, et le roman du cœur finit avec le roman d'amour. Elle épouse sans goût M. le président de Bonfons, parce qu'il dirige ses affaires ; et vit chastement avec lui comme une douairière de province, ensevelie dans ses inutiles trésors.

Voilà Eugénie Grandet, visitée un jour par un précoce rayon d'amour, expiant, pendant le reste de sa vie, la férocité de son père.

Voilà l'avare ! bien autrement conçu que celui de *Plaute*, de *Térence* ou de *Molière*. La comédie de caractère va jusqu'au rire dans les caricatures de ces grands comiques. Chez Balzac elle va jusqu'aux larmes. Les uns se moquent ridiculement de l'avare dans le mot fameux : *Qu'allait-il faire dans cette galère*? L'autre fait détester le vice et haïr le vicieux. Mais ils écrivent en vers immortels, et Balzac n'écrit qu'en prose modelée sur le cœur humain ! Je le répète avec conviction : il a dans ses innombrables romans cent fois dépassé en invention l'incomparable Molière. On ne peut pas le louer plus haut, ce mot suffirait pour sa gloire.

XXXVII

Si nous descendons plus bas dans les formules du style et dans la combinaison bourgeoise de ses romans, nous arrivons à la faute vulgaire du *Père Goriot* et de ses deux filles. On ne peint pas en couleurs plus fortes les faiblesses coupables d'un père et les ingratitudes de ses enfants. Ni Plaute, ni Térence, ni Aristophane, ni Molière, ne sont descendus jusqu'à ces profondeurs d'analyse d'un vice, et n'ont passé par le burlesque pour arriver au tragique. Shakspeare seul l'aurait pu, mais il ne l'a pas fait. Lisons rapidement le roman du *Père Goriot*.

XXXVIII

« Madame Vauquer, née de Conflans, est une vieille femme qui, depuis quarante ans, tient à Paris une pension bourgeoise établie rue Neuve-Sainte-Geneviève, entre le quartier latin et le faubourg Saint-Marceau. Cette pension, connue sous le nom de la Maison Vauquer, admet également des femmes, des jeunes gens et des vieillards, sans que jamais la médisance ait attaqué les mœurs de ce respectable établissement. Mais aussi depuis trente ans ne s'y était-il jamais vu de jeune personne, et, pour qu'un jeune homme y demeure, sa famille doit-elle lui faire une bien maigre pension. Néanmoins, en 1819, époque à laquelle ce drame commence, il s'y

trouvait une pauvre jeune fille. En quelque
discrédit que soit tombé le mo *drame* par la
manière abusive et tortionnaire dont il a été
prodigué dans ces temps de douloureuse littérature, il est nécessaire de l'employer ici; non
que cette histoire soit dramatique dans le sens
vrai du mot, mais, l'œuvre accomplie, peut-être
aura-t-on versé quelques larmes *intra muros*
et *extra*. Sera-t-elle comprise au delà de Paris?
le doute est permis. Les particularités de cette
scène pleine d'observations et de couleurs loca-
les ne peuvent être appréciées qu'entre les
buttes de Montmartre et les hauteurs de Mon-
trouge, dans cette illustre vallée de platras incessamment près de tomber et de ruisseaux
noirs de boue; vallée remplie de souffrances réel-
les, de joies souvent fausses, et si terriblement
agitée, qu'il faut je ne sais quoi d'exorbitant
pour y produire une sensation de quelque durée.
Cependant il s'y rencontre çà et là des douleurs
que l'agglomération des vices et des vertus
rend grandes et solennelles; à leur aspect, les
égoïsmes, les intérêts, s'arrêtent et s'apitoient
mais l'impression qu'ils en reçoivent est comme
un fruit savoureux promptement dévoré. Le
char de la civilisation, semblable à celui de
l'idole de Jaggernat, à peine retardé par un

cœur moins facile à broyer que les autres et qui enraye sa roue, l'a brisé bientôt et continue sa marche glorieuse. Ainsi ferez-vous, vous qui tenez ce livre d'une main blanche, vous qui vous enfoncez dans un moelleux fauteuil en vous disant : Peut-être ceci va-t-il m'amuser. Après avoir lu les secrètes infortunes du père Goriot, vous dînerez avec appétit en mettant votre insensibilité sur le compte de l'auteur, en le taxant d'exagération, en l'accusant de poésie. Ah ! sachez-le : ce drame n'est ni une fiction, ni un roman. *All is true;* il est si véritable que chacun peut en reconnaître les éléments chez soi, dans son cœur peut-être.

» La maison où s'exploite la pension bourgeoise appartient à madame Vauquer. Elle est située dans le bas de la rue Neuve-Sainte-Geneviève, à l'endroit où le terrain s'abaisse vers la rue de l'Arbalète par une pente si brusque et si rude que les chevaux la montent ou la descendent rarement. Cette circonstance est favorable au silence qui règne dans ces rues serrées entre le dôme du Val-de-Grâce et le dôme du Panthéon, deux monuments qui changent les conditions de l'atmosphère en y jetant des tons jaunes, en y assombrissant tout par les teintes sévères que projettent leurs coupoles. Là, les pavés sont secs, les ruisseaux n'ont ni boue ni eau, l'herbe croît le long des murs. L'homme le plus insouciant s'y attriste comme tous les passants, le bruit d'une voiture y devient un événement, les maisons y sont mornes, les murailles y sentent la prison. Un Parisien égaré ne verrait là que des pensions bourgeoises ou des Institutions, de la misère ou de l'ennui, de la vieillesse qui meurt, de la joyeuse jeunesse contrainte à travailler. Nul quartier de Paris n'est plus horrible, ni, disons-le, plus inconnu. La rue Neuve-Sainte-Geneviève surtout est comme un cadre de bronze, le seul qui convienne à ce récit auquel on ne saurait trop préparer l'intelligence par des couleurs brunes, par des idées graves; ainsi que, de marche en marche, le jour diminue et le chant du conducteur se creuse, alors que le voyageur descend aux Catacombes. Comparaison vraie ! Qui décidera ce qui est plus horrible à voir, ou des cœurs desséchés ou des crânes vides ?

» La façade de la pension donne sur un jardinet, en sorte que la maison tombe à angle droit sur la rue Neuve-Sainte-Geneviève, où vous la voyez coupée dans sa profondeur. Le long de cette façade, entre la maison et le jardinet règne un cailloutis en cuvette, large d'une toise, devant lequel est une allée sablée, bordée de géraniums, de lauriers-roses et de grenadiers plantés dans de grands vases en faïence bleue et blanche. On entre dans cette allée par une porte bâtarde, surmontée d'un écriteau sur lequel est écrit : MAISON VAUQUER, et dessous : *Pension bourgeoise des deux sexes et autres.* Pendant le jour, une porte à claire-voie armée d'une sonnette criarde, laisse apercevoir au bout du petit pavé, sur le mur opposé à la rue, une arcade peinte en marbre vert par un artiste du quartier. Sous le renfoncement que simule cette peinture, s'élève une statue représentant l'Amour. A voir le vernis écaillé qui la couvre, les amateurs de symboles y découvriraient peut-être un mythe de l'amour parisien, qu'on guérit à quelques pas de là. Sous le socle, cette inscription à demi effacée rappelle le temps auquel remonte cet ornement, par l'enthousiasme dont il témoigne pour Voltaire, rentré dans Paris en 1777 :

> Qui que tu sois, voici ton maître,
> Il l'est, le fut, ou le doit être.

» A la nuit tombante, la porte à claire-voie est remplacée par une porte pleine. Le jardinet, aussi large que la façade est longue, se trouve encaissé par le mur de la rue et par le mur mitoyen de la maison voisine, le long de laquelle pend un manteau de lierre qui la cache entièrement, et attire les yeux des passants par un effet pittoresque dans Paris. Chacun de ses murs est tapissé d'espaliers et de vignes dont les fructifications grêles et poudreuses sont l'objet des craintes annuelles de madame Vauquer et de ses conversations avec les pensionnaires. Le long de chaque muraille règne une étroite allée qui mène à un couvert de tilleuls, mot que madame Vauquer, quoique née de Conflans, prononce obstinément *tieuilles*, malgré les observations grammaticales de ses hôtes. Entre les deux allées latérales est un carré d'artichauts flanqué d'arbres fruitiers en quenouille, et bordé d'oseille, de laitue ou de persil. Sous le couvert de tilleuls est plantée une table ronde peinte en vert et entourée de siéges. Là, durant les jours caniculaires les convives assez riches pour se permettre de prendre du café viennent le savourer par une chaleur capable de faire éclore des œufs. La façade, élevée de trois étages et surmontée de mansardes, est bâtie en moellons et badigeonnée avec cette couleur jaune qui donne un caractère ignoble à presque toutes les maisons de Paris. Les cinq croisées percées à chaque étage ont de petits carreaux et sont garnies de jalousies dont aucune n'est relevée de la même manière, en sorte que toutes leurs lignes jurent entre elles. La profondeur de cette maison comporte deux croisées, qui, au rez-de-chaussée, ont pour ornement des barreaux de fer grillagés. Derrière le bâtiment est une cour large d'environ vingt pieds, où vivent en bonne intelligence des cochons, des poules, des lapins, et au fond de laquelle s'élève un hangar à serrer le bois. Entre ce hangar et la fenêtre de la cuisine se suspend le garde-manger au-dessous duquel tombent les eaux grasses de l'évier. Cette cour a sur la rue Neuve-Sainte-Geneviève une porte étroite par où la cuisinière chasse les ordures de la maison en nettoyant cette sentine à grand renfort d'eau, sous peine de pestilence.

» Naturellement destiné à l'exploitation de la pension bourgeoise, le rez-de-chaussée se compose d'une première pièce éclairée par les deux croisées de la rue, et où l'on entre par une porte-fenêtre. Ce salon communique à une salle à manger qui est séparée de la cuisine par la cage d'un escalier dont les marches sont en bois et en carreaux mis en couleur et frottés. Rien n'est plus triste à voir que ce salon meublé de fauteuils et de chaises en étoffe de crin à raies alternativement mates et luisantes. Au milieu se trouve une table ronde à dessus de marbre Sainte-Anne décorée de ce cabaret en porcelaine blanche ornée de filets d'or effacés à demi que l'on rencontre partout aujourd'hui. Cette pièce, assez mal planchéiée, est lambrissée à hauteur d'appui. Le surplus des parois est tendu d'un papier verni représentant les principales scènes de Télémaque et dont les classiques personnages sont coloriés. Le panneau d'entre les croisées grillagées offre aux pensionnaires le tableau du festin donné au fils d'Ulysse par Calypso. Depuis quarante ans cette peinture excite les plaisanteries des jeunes pensionnaires, qui se croient supérieurs à leur position en se moquant du dîner auquel la misère les condamne. La cheminée en pierre, dont le foyer toujours propre atteste qu'il ne s'y fait de feu que dans les grandes occasions, est ornée de deux vases pleins de fleurs artificielles, vieillies et encagées, qui accompagnent une pendule en marbre bleuâtre du plus mauvais goût. Cette première pièce exhale une odeur sans nom dans la langue, et qu'il faudrait appeler l'*odeur de pension*. Elle sent le renfermé, le moisi, le rance; elle donne froid, elle est humide au nez, elle pénètre les vêtements ; elle a le goût d'une salle où l'on a dîné ; elle pue le service, l'office, l'hospice. Peut-être pourrait-elle se décrire si l'on inventait un procédé pour évaluer les quantités élémentaires et nauséabondes qu'y jettent les atmosphères catarrhales et *sui generis* de chaque pensionnaire, jeune ou vieux. Eh bien, malgré ces plates horreurs, si vous le compariez à la salle à manger qui lui est contiguë, vous trouveriez ce salon élégant et parfumé comme doit l'être un boudoir. Cette salle, entièrement boisée, fut jadis peinte en une couleur indistincte aujourd'hui qui forme un fond sur lequel la crasse a imprimé ses couches de manière à y dessiner des figures bizarres. Elle est plaquée de buffets gluants sur lesquels sont des carafes échancrées, ternies, des ronds de moiré métallique, des piles d'assiettes en porcelaine épaisse à bords bleus fabriquées à Tournai. Dans un angle est placée une boîte à cases numérotée qui sert à garder les serviettes ou tachées ou vineuses de chaque pensionnaire. Il s'y rencontre de ces meubles indestructibles, proscrits partout, mais placés là comme le sont les débris de la civilisation aux Incurables. Vous y verriez un baromètre à capucin qui sort quand il pleut, des gravures exécrables qui ôtent l'appétit, toutes encadrées en bois noir verni à filet dorés; un cartel en écaille incrustée de cuivre; un poêle vert, des quinquets d'Argand où la poussière se combine avec l'huile, une longue table couverte en toile cirée assez grasse pour qu'un facétieux externe y écrive son nom en se servant de son doigt comme de style, des chaises estropiées, de petits paillassons piteux en sparterie qui se déroule toujours sans se perdre jamais, puis des chaufferettes misérables à trous cassés, à charnières défaites, dont le bois se carbonise. Pour expliquer combien ce mobilier est vieux, crevassé, pourri, tremblant, rongé, manchot, borgne, invalide, expirant, il faudrait en faire une description qui retarderait trop l'intérêt de cette histoire, et que les gens pressés ne pardonneraient pas. Le carreau rouge est plein de vallées produites par le frottement ou par les mises en couleur. Enfin, là règne la misère sans poésie; une misère économe concentrée, râpée. Si elle n'a pas de fange encore, elle a des taches; si elle n'a ni trous ni haillons, elle va tomber en pourriture.

» Cette pièce est dans tout son lustre au moment où, vers sept heures du matin, le chat de madame Vauquer précède sa maîtresse, saute sur les buffets, y flaire le lait que contiennent plusieurs jattes couvertes d'assiettes, et fait entendre son *ronron* matinal. Bientôt la veuve se montre, attifée de son bonnet de tulle, sous lequel pend un tour de faux cheveux mal mis; elle marche en traînassant ses pantoufles grimacées. Sa face vieillotte, grassouillette, du milieu de laquelle sort un nez à bec de perroquet; ses petites mains potelées, sa personne dodue comme un rat d'église, son corsage trop plein et qui flotte, sont en harmonie avec cette salle où suinte le malheur, où s'est blottie la spéculation, et dont madame Vauquer respire l'air chaudement fétide sans en être écœurée. Sa figure fraîche comme une première gelée d'automne, ses yeux ridés, dont l'expression passe du sourire prescrit aux danseuses à l'amer renfrognement de l'escompteur, enfin toute sa personne explique la pension, comme la pension implique sa personne. Le bagne ne va pas sans l'argousin, vous n'imaginerez pas l'un sans l'autre. L'embonpoint blafard de cette petite femme est le produit de cette vie, comme le typhus est la conséquence des exhalaisons d'un hôpital. Son jupon de laine tricotée, qui dépasse sa première jupe faite avec une vieille robe, et dont la ouate s'échappe par les fentes de l'étoffe lézardée, résume le salon, la salle à manger, le jardinet, annonce la cuisine et fait pressentir les pensionnaires. Quand elle est là, ce spectacle est complet. Agée d'environ cinquante ans, madame Vauquer ressemble à toutes les *femmes qui ont eu des malheurs*. Elle a l'œil vitreux, l'air innocent d'une entremetteuse qui va se gendarmer pour se faire payer plus cher, mais d'ailleurs prête à tout pour adoucir son sort, à livrer Georges ou Pichegru, si Georges ou Pichegru étaient encore à livrer. Néanmoins elle est *bonne femme au fond*, disent les pensionnaires, qui la croient sans fortune en l'entendant geindre et tousser comme eux. Qu'avait été M. Vauquer? Elle ne s'expliquait jamais sur le défunt. Comment avait-il perdu sa fortune? Dans les malheurs, répondait-elle. Il s'était mal conduit envers elle, ne lui avait laissé que les yeux pour pleurer, cette maison pour vivre, et le droit de ne compatir à aucune infortune, parce que, disait-elle, elle avait souffert tout ce qu'il est possible de souffrir. En entendant trottiner sa maîtresse, la grosse Sylvie, la cuisinière, s'empressait de servir le déjeuner des pensionnaires internes.

» Généralement les pensionnaires externes ne s'abonnaient qu'au dîner, qui coûtait trente francs par mois. A l'époque où cette histoire commence, les internes étaient au nombre de sept. Le premier étage contenait les deux meilleurs appartements de la maison. Madame Vauquer habitait le moins considérable, et l'autre appartenait à madame Couture, veuve d'un commissaire-ordonnateur de la République française. Elle avait avec elle une très-jeune personne, nommée Victorine Taillefer, à qui elle servait de mère. La pension de ces deux dames montait à dix-huit cents francs. Les deux appartements du second étaient occupés, l'un par un vieillard nommé Poiret; l'autre, par un homme âgé d'environ quarante ans, qui portait une perruque noire, se teignait les favoris, se disait ancien négociant, et s'appelait monsieur Vautrin. Le troisième étage se composait de quatre chambres, dont deux étaient louées, l'une par une vieille fille nommée mademoielle Michonneau; l'autre, par un ancien fabricant de vermicelles, de pâtes d'Italie et d'amidon, qui se laissait nommer le père Goriot. Les deux autres chambres était destinées aux oiseaux de passage, à ces infortunés étudiants qui, comme le père Goriot et mademoiselle Michonneau, ne pouvaient mettre que quarante-cinq francs par mois à leur nourriture et à leur logement;

mais madame Vauquer souhaitait peu leur présence et ne les prenait que quand elle ne trouvait pas mieux : ils mangeaient trop de pain. »

XXXIX

Tel est le préambule de cette admirable tragédie du *Père Goriot*; puis vient, avant l'action, le catalogue raisonné ou peint des personnages que Balzac met en scène.

Mademoiselle Michonneau, aux yeux protégés par un *abat-jour* vert garni d'un fil d'archal, à la voix clairette d'une cigale criant dans un buisson à l'approche de l'hiver.

M. Poiret, vieillard plus semblable à une ombre, dont la canne à pomme d'ivoire jauni dans sa main soutenait mal les jambes grêles chaussées de bas bleus. En cherchant son origine, on le soupçonnait d'avoir pu être un des employés inférieurs du ministère de la Justice chargé de pourvoir aux exécutions.

Mademoiselle Victorine Taillefer, jeune personne pâlie par l'infortune, car le bonheur est la poésie des femmes comme la toilette en est le fond. Elle était pieusement élevée là par sa mère, veuve d'un commissaire des guerres. Le père refusait de la reconnaître. Madame Couture et madame Vauquer maudissaient cet infâme millionnaire. Mais la pauvre Victorine, au lieu de se joindre à leurs malédictions, faisait entendre de douces paroles, alors semblables au chant du ramier blessé et dont le cri de douleur exprime encore l'amour.

Eugène de Rastignac, jeune homme pauvre, de famille noble, que l'ambition naissante poussait à l'étude et à l'intrigue.

Vautrin, homme à tout faire, que l'énergie de sa charpente et de ses favoris peints signalaient comme un aventurier équivoque, inconnu mais serviable. Mademoiselle Victorine flottait entre le beau Rastignac et le vigoureux Vautrin.

Toutes les autres femmes de cette réunion de hasard avaient les unes envers les autres une froide indifférence mêlée de défiance.

Il manquait à ces dix-huit pensionnaires un

souffre-douleur. Il se rencontra dans un ancien fabricant de vermicelle nommé le père Goriot.

« Le père Goriot, vieillard de soixante-neuf ans environ, s'était retiré chez madame Vauquer, en 1813, après avoir quitté les affaires. Il y avait d'abord pris l'appartement occupé par madame Couture, et donnait alors douze cents francs de pension, en homme pour qui cinq louis de plus ou de moins étaient une bagatelle. Madame Vauquer avait rafraîchi les trois chambres de cet appartement moyennant une indemnité préalable qui paya, dit-on, la valeur d'un méchant ameublement composé de rideaux en calicot jaune, de fauteuils en bois verni couverts en velours d'Utrecht, de quelques peintures à la colle, et de papiers que refusaient les cabarets de la banlieue. Peut-être l'insouciante générosité que mit à se laisser attraper le père Goriot, qui vers cette époque était respectueusement nommé M. Goriot, le fit-elle considérer comme un imbécile qui ne connaissait rien aux affaires. Goriot vint muni d'une garde-robe bien fournie, le trousseau magnifique du négociant qui ne se refuse rien en se retirant du commerce. Madame Vauquer avait admiré dix-huit chemises de demi-hollande, dont la finesse était d'autant plus remarquable que le vermicellier portait sur son jabot dormant deux épingles unies par une chaînette, et dont chacune était montée d'un gros diamant. Habituellement vêtu d'un habit bleu-barbeau, il prenait chaque jour un gilet de piqué blanc, sous lequel fluctuait son ventre proéminent, qui faisait rebondir une lourde chaîne d'or garnie de breloques. Sa tabatière, également en or, contenait un médaillon plein de cheveux qui le rendaient en apparence coupable de quelques bonnes fortunes. Ses *ormoires* (il prononçait ce mot à la manière du menu peuple) furent remplies par la nombreuse argenterie de son ménage. Les yeux de la veuve s'allumèrent quand elle l'aida complaisamment à déballer et ranger les louches, les cuillers à ragoût, les couverts, les huiliers, les saucières, plusieurs plats, des déjeuners en vermeil, enfin des pièces plus ou moins belles, pesant un certain nombre de marcs, et dont il ne voulait pas se défaire. Ces cadeaux lui rappelaient les solennités de sa vie domestique. « Ceci, dit-il à madame Vauquer, en serrant un plat et une petite écuelle dont le couvercle représentait deux tourterelles qui se becquetaient, est le premier présent que m'a fait ma femme, le jour de notre anniversaire. Pauvre bonne!

elle y avait consacré ses économies de demoiselle. Voyez-vous, madame? j'aimerais mieux gratter la terre avec mes ongles que de me séparer de cela. Dieu merci! je pourrai prendre dans cette écuelle mon café tous les matins durant le reste de mes jours. Je ne suis pas à plaindre, j'ai sur la planche du pain de cuit pour longtemps. » Enfin, madame Vauquer avait bien vu, de son œil de pie, quelques inscriptions sur le grand livre qui, vaguement additionnées, pouvaient faire à cet excellent Goriot un revenu d'environ huit à dix mille francs. Dès ce jour, madame Vauquer, née de Conflans, qui avait alors quarante-huit ans effectifs et n'en acceptait que trente-neuf, eut des idées. Quoique le larmier des yeux de Goriot fût retourné, gonflé, pendant, ce qui l'obligeait à les essuyer assez fréquemment, elle lui trouva l'air agréable et comme il faut. D'ailleurs son mollet charnu, saillant, pronostiquait autant que son long nez carré, des qualités morales auxquelles paraissait tenir la veuve, et que confirmait la face lunaire et naïvement niaise du bonhomme. Ce devait être une bête solidement bâtie, capable de dépenser tout son esprit en sentiment. Ses cheveux en ailes de pigeon, que le coiffeur de l'École polytechnique vint lui poudrer tous les matins, dessinaient cinq pointes sur son front bas, et décoraient bien sa figure. Quoique un peu rustaud, il était si bien tiré à quatre épingles, il prenait si richement son tabac, il le humait en homme si sûr de toujours avoir sa tabatière pleine de macouba, que, le jour où M. Goriot s'installa chez elle, madame Vauquer se coucha le soir en rôtissant, comme une perdrix dans sa barde, au feu du désir qui la saisit de quitter le suaire du Vauquer pour renaître en Goriot. Se marier, vendre sa pension, donner le bras à cette fine fleur de bourgeoisie, devenir une dame notable dans le quartier, y quêter pour les indigents, faire de petites parties le dimanche à Choisy, Soissy, Gentilly; aller au spectacle à sa guise, en loge, sans attendre les billets d'auteur que lui donnaient quelques-uns de ses pensionnaires, au mois de juillet; elle rêva tout l'Eldorado des petits ménages parisiens. Elle n'avait avoué à personne qu'elle possédait quarante mille francs amassés sou à sou. Certes elle se croyait, sous le rapport de la fortune, un parti sortable. « Quant au reste, je vaux bien le bonhomme ! » se dit-elle en se retournant dans son lit, comme pour s'attester à elle-même des charmes que la grosse Sylvie trouvait chaque matin moulés en creux. Dès ce jour, pendant environ trois mois, la veuve Vauquer profita du coiffeur de M. Goriot, et fit quelques frais de toilette, excusés par la nécessité de donner à sa maison un certain décorum en harmonie avec les personnes honorables qui la fréquentaient. Elle s'intrigua beaucoup pour changer le personnel de ses pensionnaires, en affichant la prétention de n'accepter désormais que les gens les plus distingués sous tous les rapports. Un étranger se présentait-il, elle lui vantait la préférence que M. Goriot, un des négociants les plus notables et les plus respectables de Paris, lui avait accordée. Elle distribua des prospectus en tête desquels se lisait : MAISON VAUQUER. « C'était, disait-elle, une des plus anciennes et des plus estimées pensions bourgeoises du pays latin. Il y existait une vue des plus agréables sur la vallée des Gobelins (on l'apercevait du troisième étage), et un *joli* jardin, au bout duquel s'étendait une allée de tilleuls. » Elle y parlait du bon air et de la solitude. Ce prospectus lui amena madame la comtesse de l'Ambermesnil, femme de trente-six ans, qui attendait la fin de la liquidation et le règlement d'une pension qui lui était due, en qualité de veuve d'un général mort sur *les* champs de bataille. Madame Vauquer soigna sa table, fit du feu dans les salons pendant près de six mois, et tint si bien les promesses de son prospectus qu'*elle y mit du sien*. Aussi la comtesse disait-elle à madame Vauquer, en l'appelant *chère amie*, qu'elle lui procurerait la baronne de Vaumerland et la veuve du colonel comte Picquoiseau, deux de ses amies, qui achevaient au Marais leur terme dans une pension plus coûteuse que ne l'était la maison Vauquer. Ces dames seraient d'ailleurs fort à leur aise quand les bureaux de la guerre auraient fini leur travail. « Mais, disait-elle, les bureaux ne terminent rien. » Les deux veuves montaient ensemble après le dîner dans la chambre de madame Vauquer, et y faisaient de petites causettes en buvant du cassis et en mangeant des friandises réservées pour la bouche de la maîtresse. Madame de l'Ambermesnil approuva beaucoup les vues de son hôtesse sur le Goriot, vues excellentes, qu'elle avait d'ailleurs devinées dès le premier jour; elle le trouvait un homme parfait. »

XL

Le drame du père Goriot commence avec une hideuse vérité, et finit avec une odieuse invraisemblance. C'est le roman de la canaille, depuis le forçat Vautrin, qui professe en paroles et en actions le cynisme du crime, et qui tue de sang-froid pour enrichir Eugène de Rastignac, jusqu'au père Goriot qui meurt pour favoriser le désordre de ses deux filles, et qui les étend lui-même, comme des victimes, sur le bûcher des prostitutions. Il peut exister de tels pères, me dira-t-on. Je réponds : Non! de tels pères ne seraient plus des pères, leur paternité ne produirait plus le respect, mais la honte! On ne s'intéresse plus du moment qu'on méprise ; ce serait le miracle de l'infamie; or il n'est pas permis au romancier de faire des miracles. Ce roman se gâte en ce moment-là. Le livre tombe des mains honnêtes.

Voici le début du drame :

XLI

Les pensionnaires accusaient le père Goriot d'un honteux libertinage. Une belle personne en robe de soie vient le matin lui faire visite, la servante s'étonne et la suit à son départ.

— Figurez-vous, madame, qu'au coin de l'Estrapade il y avait un magnifique équipage dans lequel elle est montée.

A dîner on raille le père Goriot. — C'était ma fille, dit-il, avec orgueil et simplicité. — Quelques jours après, une seconde visite d'une seconde beauté, est remarquée. Même remarque à la table d'hôte. Il réduit le prix de sa pension. Sa considération décroît.

Eugène de Rastignac, qui avait été passer les

vacances dans son humble famille, revient affamé d'ambition à la pension Vauquer.

« Eugène de Rastignac était revenu dans une disposition d'esprit que doivent avoir connue les jeunes gens supérieurs, ou ceux auxquels une position difficile communique momentanément les qualités des hommes d'élite. Pendant sa première année de séjour à Paris, le peu de travail que veulent les premiers grades à prendre dans la Faculté l'avait laissé libre de goûter les délices visibles du Paris matériel. Un étudiant n'a pas trop de temps s'il veut connaître le répertoire de chaque théâtre, étudier les issues du labyrinthe parisien, savoir les usages, apprendre la langue et s'habituer aux plaisirs particuliers de la capitale ; fouiller les bons et les mauvais endroits, suivre les cours qui amusent, inventorier les richesses des musées. Un étudiant se passionne alors pour des niaiseries qui lui paraissent grandioses. Il a son grand homme, un professeur du collège de France, payé pour se tenir à la hauteur de son auditoire. Il rehausse sa cravate et se pose pour la femme des premières galeries de l'Opéra-Comique. Dans ces initiations successives, il se dépouille de son aubier, agrandit l'horizon de sa vie, et finit par concevoir la superposition des couches humaines qui composent la société. S'il a commencé par admirer les voitures au défilé des Champs-Élysées par un beau soleil, il arrive bientôt à les envier. Eugène avait subi cet apprentissage à son insu, quand il partit en vacances, après avoir été reçu bachelier ès lettres et bachelier en droit. Ses illusions d'enfance, ses idées de province avaient disparu. Son intelligence modifiée, son ambition exaltée, lui firent voir juste au milieu du manoir paternel, au sein de la famille. Son père, sa mère, ses deux frères, ses deux sœurs, et une tante dont la fortune consistait en pensions, vivaient sur la petite terre de Rastignac. Ce domaine, d'un revenu d'environ trois mille francs, était soumis à l'incertitude qui régit le produit tout industriel de la vigne, et néanmoins il fallait en extraire chaque année douze cents francs pour lui. L'aspect de cette constante détresse qui lui était généreusement cachée, la comparaison qu'il fut forcé d'établir entre ses sœurs, qui lui semblaient si belles dans son enfance, et les femmes de Paris, qui lui avaient réalisé le type d'une beauté rêvée, l'avenir incertain de cette nombreuse famille qui reposait sur lui, la parcimonieuse attention avec laquelle il vit serrer les plus minces productions, la boisson faite pour sa famille avec les marcs du pressoir, enfin une foule de circonstances inutiles à consigner ici, décuplèrent son désir de parvenir et lui donnèrent soif des distinctions. Comme il arrive aux âmes grandes, il voulut ne rien devoir qu'à son mérite. Mais son esprit était éminemment méridional ; à l'exécution, ses déterminations devaient donc être frappées des hésitations qui saisissent les jeunes gens quand ils se trouvent en pleine mer, sans savoir ni de quel côté diriger leurs forces, ni sous quel angle enfler leurs voiles. Si d'abord il voulut se jeter à corps perdu dans le travail, séduit bientôt par la nécessité de se créer des relations, il remarqua combien les femmes ont d'influence sur la vie sociale, et avisa soudain à se lancer dans le monde, afin d'y conquérir des protectrices : devaient-elles manquer à un jeune homme ardent et spirituel, dont l'esprit et l'ardeur étaient rehaussés par une tournure élégante et par une sorte de beauté nerveuse à laquelle les femmes se laissent prendre volontiers ? Ces idées l'assaillirent au milieu des champs, pendant les promenades que jadis il faisait gaîment avec ses sœurs, qui le trouvèrent bien changé. Sa tante, madame de Marcillac, autrefois présentée à la cour, y avait connu les sommités aristocratiques. Tout à coup le jeune ambitieux reconnut dans les souvenirs dont sa tante l'avait si souvent bercé, les éléments de plusieurs conquêtes sociales, au moins aussi importantes que celles qu'il entreprenait à l'École de droit ; il la questionna sur les liens de parenté qui pouvaient encore se renouer. Après avoir secoué les branches de l'arbre généalogique, la vieille dame estima que, de toutes les personnes qui pouvaient servir son neveu parmi la gent égoïste des parents riches, madame la vicomtesse de Beauséant serait la moins récalcitrante. Elle écrivit à cette jeune femme une lettre dans l'ancien style, et la remit à Eugène, en lui disant que, s'il réussissait auprès de la vicomtesse, elle lui ferait retrouver ses autres parents. Quelques jours après son arrivée, Rastignac envoya la lettre de sa tante à madame de Beauséant. La vicomtesse répondit par une invitation de bal pour le lendemain. »

XLII

Rastignac se lie au bal avec la comtesse de Restaud et rentre éperdu dans sa pension. A la lueur de la lumière qui passe sous la porte il entrevoit le vieillard faisant un paquet avec son linge et son argenterie de réserve, et allant le vendre à un usurier juif du quartier. Le déjeuner est retardé par l'épaisseur du brouillard. Vautrin entre le premier dans la salle en chantonnant un couplet d'opéra comique. — Le père Goriot, dit-il à madame Vauquer, en la lutinant, était à huit heures rue Dauphine; il a vendu une bonne pacotille d'argenterie. Mademoiselle Taillefer et sa maman, madame Cantin, entrent. — D'où venez-vous si matin? De faire nos dévotions à Saint-Étienne-du-Mont, répond madame Cantin ; ne devons-nous pas aller chez M. Taillefer, et prier Dieu d'attendrir le cœur de son père ?

— Femmes innocentes, malheureuses et persécutées, dit en plaisantant Vautrin, d'ici à peu de jours je me mêlerai de vos affaires, et tout ira bien !

XLIII

La jeune personne vertueuse, Sylvie, va voir son père qui la congédie comme une étrangère. — M. de Rastignac est mal accueilli par madame de Restaud. — Il va chez madame de Beauséant, sa cousine, il est ébloui ; il commet une gaucherie en lui faisant connaître le prochain mariage de M. d'Ajuda Pinto, jeune et beau Portugais qu'elle adore. Il jette la discorde dans le cœur de madame de Nucingen et de madame de Restaud, en disant qu'il connaît leur père, un vieillard nommé Goriot. Il rentre confondu à la pension, raconte ses désastres à Vautrin, qui le raille et qui tâche de le pervertir. Il écrit à sa mère et à ses sœurs pour leur demander une somme nécessaire pour son avancement dans le monde. — Il apprend en détail la vie du père Goriot.

« Jean-Joachim Goriot était, avant la révolution, un simple ouvrier vermicellier, habile, économe, et assez entrepenant pour avoir acheté le fonds de son maître, que le hasard rendit victime du premier soulèvement de 1789. Il s'était établi rue de la Jussienne, près de la Halle-aux-Blés, et avait eu le gros bon sens d'accepter la présidence de sa section, afin de faire protéger son commerce par les personnages les plus influents de cette dangereuse époque. Cette sagesse avait été l'origine de sa fortune qui commença dans la disette, fausse ou vraie, par suite de laquelle les grains acquirent un prix énorme à Paris. Le peuple se tuait à la porte des boulangers, tandis que certaines personnes allaient chercher sans émeute des pâtes d'Italie chez les épiciers. Pendant cette année, le citoyen Goriot amassa les capitaux qui plus tard lui servirent à faire son commerce avec toute la supériorité que donne une grande masse d'argent à celui qui la possède. Il lui arriva ce qui arrive à tous les hommes qui n'ont qu'une capacité relative. Sa médiocrité le sauva. D'ailleurs, sa fortune n'étant connue qu'au moment où il n'y avait plus de danger à être riche, il n'excita l'envie de personne. Le commerce de grains semblait avoir absorbé toute son intelligence. S'agissait-il de blés, de farines, de grenailles, de reconnaître leurs qualités, leurs provenances, de veiller à leur conservation, de prévoir les cours, de prophétiser l'abondance ou la pénurie des récoltes, de se procurer les céréales à bon marché, de s'en approvisionner en Sicile, en Ukraine, Goriot n'avait pas son second. A lui voir conduire ses affaires, expliquer les lois sur l'exportation, sur l'importation des grains, étudier leur esprit, saisir leurs défauts, un homme l'eût jugé capable d'être ministre d'État. Patient, actif, énergique, constant, rapide dans ses expéditions, il avait un coup d'œil d'aigle, il devançait tout, prévoyait tout, savait tout, cachait tout; diplomate pour concevoir, soldat pour marcher. Sorti de sa spécialité, de sa simple et obscure boutique sur le pas de laquelle il demeurait pendant ses heures d'oisiveté, l'épaule appuyée au montant de la porte, il redevenait l'ouvrier stupide et grossier, l'homme incapable de comprendre un raisonnement, insensible à tous les plaisirs de l'esprit, l'homme qui s'endormait au spectacle, un de ces Dolibans parisiens, forts seulement en bêtise. Ces natures se ressemblent presque toutes. A presque toutes, vous trouveriez un sentiment sublime au cœur. Deux sentiments exclusifs avaient rempli le cœur du vermicellier, en avaient absorbé l'humide, comme le commerce des grains employait toute l'intelligence de sa cervelle. Sa femme, fille unique d'un riche fermier de la Brie, fut pour lui l'objet d'une admiration religieuse, d'un amour sans bornes. Goriot avait admiré en elle une nature frêle et forte, sensible et jolie, qui contrastait singulièrement avec la sienne. S'il est un sentiment inné dans le cœur de l'homme, n'est-ce pas l'orgueil de la protection exercée à tout moment en faveur d'un être faible? Joignez-y l'amour, cette reconnaissance vive de toutes les âmes franches pour le principe de leurs plaisirs, et vous comprendrez une foule de bizarreries morales. Après sept ans de bonheur sans nuages, Goriot, malheureusement pour lui, perdit sa femme : elle commençait à prendre de l'empire sur lui, en dehors de la sphère des sentiments. Peut-être eût-elle cultivé cette nature inerte, peut-être y eût-elle jeté l'intelligence des choses du monde et de la vie. Dans cette situation, le sentiment de la paternité se développa chez Goriot jusqu'à la déraison ; il reporta ses affections trompées par la mort sur ses deux filles, qui, d'abord, satisfirent pleinement tous ses sentiments. Quelque brillantes que fussent les propositions qui lui furent faites par des négociants ou des fermiers jaloux de lui donner leurs filles, il voulut rester veuf. Son beau-père, le seul homme pour lequel il avait eu du penchant, prétendait savoir pertinemment que Goriot avait juré de ne pas faire d'infidélité à sa femme, quoique morte. Les gens de la halle, incapables de comprendre cette sublime folie, en plaisantèrent et donnèrent à Goriot quelque grotesque sobriquet. Le premier d'entre eux qui, en buvant le vin d'un marché, s'avisa de le prononcer, reçut du vermicellier un coup de poing sur l'épaule qui l'envoya, la tête la première, sur une borne de la rue Oblin. Le dévoûment irréfléchi, l'amour ombrageux et délicat que portait Goriot à ses filles était si connu, qu'un jour un de ses concurrents, voulant le faire partir du marché pour rester maître du cours, lui dit que Delphine venait d'être renversée par un cabriolet. Le vermicellier, pâle et blême, quitta aussitôt la halle. Il fut malade pendant plusieurs jours par suite de la réaction des sentiments contraires auxquels le livra cette fausse alarme. S'il n'appliqua pas sa tape meurtrière sur l'épaule de cet homme, il le chassa de la halle en le forçant, dans une circonstance critique, à faire faillite. L'éducation de ses deux filles fut naturellement déraisonnable. Riche de plus de soixante mille livres de rente, et ne dépensant pas douze cents francs pour lui, le bonheur de Goriot était de satisfaire les fantaisies de ses filles : les plus excellents maîtres furent chargés de les douer des talents qui signalent une bonne éducation ; elles eurent une demoiselle de compagnie ; heureusement pour elles, ce fut une femme d'esprit et de goût ; elles allaient à cheval, elles avaient voiture, elles vivaient comme auraient vécu les maîtresses d'un vieux seigneur riche ; il leur suffisait d'exprimer les plus coûteux désirs pour voir leur père s'empressant de les combler ; il ne demandait qu'une caresse en retour de ses offrandes. Goriot mettait ses filles au rang des anges, et nécessairement au-dessus de lui, le pauvre homme ! il aimait jusqu'au mal qu'elles lui faisaient. Quand ses filles furent en âge d'être mariées, elles purent choisir leurs maris suivant leurs goûts : chacune d'elles devait avoir en dot la moitié de la fortune de son père. Courtisée pour sa beauté par le comte de Restaud, Anastasie avait des penchants aristocratiques qui la portèrent à quitter la maison paternelle pour s'élancer dans les hautes sphères sociales. Delphine aimait l'argent : elle épousa Nucingen, banquier d'origine allemande, qui devint baron du Saint-Empire. Goriot resta vermicellier. Ses filles et ses gendres se choquèrent bientôt de lui voir continuer ce commerce, quoique ce fût toute sa vie. Après avoir subi pendant cinq ans leurs instances, il consentit à se retirer avec le produit de son fonds et les bénéfices de ces dernières années ; capital que madame Vauquer, chez laquelle il était venu s'établir, avait estimé rapporter de huit à dix mille livres de rente. Il se jeta dans cette pension par suite du désespoir qui l'avait saisi en voyant ses deux filles obligées par leurs maris de refuser non-seulement de le prendre chez elles, mais encore de l'y recevoir ostensiblement.

» Ces renseignements étaient tout ce que savait un monsieur Muret sur le compte du père Goriot, dont il avait acheté le fonds. Les suppositions que Rastignac avait entendu faire par la duchesse de Langeais se trouvaient ainsi confirmées »

Ici se termine l'exposition de cette obscure, mais effroyable tragédie parisienne.

« Vers la fin de cette première semaine du mois de décembre, Rastignac reçut deux lettres, l'une de sa mère, l'autre de sa sœur aînée. Ces écritures si connues le firent à la fois palpiter d'aise et trembler de terreur. Ces deux frêles papiers contenaient un arrêt de vie ou de mort sur ses espérances. S'il concevait quelque terreur en se rappelant la détresse de ses parents, il avait trop bien éprouvé leur prédilection pour ne pas craindre d'avoir aspiré leurs dernières gouttes de sang. »

Vautrin lui conseille d'épouser mademoiselle Taillefer, et lui promet que son frère sera tué en duel et qu'elle héritera des trois millions de la fortune de son père. Rastignac, rougit et s'indigne. Le père Goriot apprend que Rastignac, enrichi par la tendresse de sa mère, doit aller au bal chez madame de Restaud, sa fille Anastasie. Il lui confie ses faiblesses paternelles.

« — Mon cher monsieur, lui avait-il dit le lendemain, comment avez-vous pu croire que madame de Restaud vous en ait voulu d'avoir prononcé mon nom? Mes deux filles m'aiment bien. Je suis un heureux père. Seulement, mes deux gendres se sont mal conduits envers moi. Je n'ai pas voulu faire souffrir ces chères créatures de mes dissensions avec leurs maris, et j'ai préféré les voir en secret. Ce mystère me donne mille jouissances que ne comprennent pas les autres pères qui peuvent voir leurs filles quand ils veulent. Moi, je ne le peux pas, comprenez-vous ? Alors je vais, quand il fait beau, dans les Champs-Élysées, après avoir demandé aux femmes de chambre si mes filles sortent. Je les attends au passage, le cœur me bat quand les voitures arrivent, je les admire dans leur toilette, elles me jettent en passant un petit rire qui me dore la nature comme s'il y tombait un rayon de quelque beau soleil. Et je reste, elles doivent revenir. Je les vois encore ! l'air leur a fait du bien, elles sont roses. J'entends dire autour de moi : Voilà une belle femme ! Ça me réjouit le cœur. N'est-ce pas mon sang ! J'aime les chevaux qui les traînent, et je voudrais être le petit chien qu'elles ont sur leurs genoux. Je vis de leurs plaisirs. Chacun a sa façon d'aimer, la mienne ne fait pourtant de mal à personne, pourquoi le monde s'occupe-t-il de moi ? Je suis heureux à ma manière. Est-ce contre les lois que j'aille voir mes filles, le soir, au moment où elles sortent de leurs maisons pour se rendre au bal ? Quel chagrin pour moi si j'arrive trop tard, et qu'on me dise : Madame est sortie ! Un soir j'ai attendu jusqu'à trois heures du matin pour voir Nasie, que je n'avais pas vue depuis deux jours. J'ai manqué crever d'aise !

Je vous en prie, ne parlez de moi que pour dire combien mes filles sont bonnes. Elles veulent me combler de toutes sortes de cadeaux; je les en empêche, je leur dis : Gardez donc votre argent! Que voulez-vous que j'en fasse? Il ne me faut rien. En effet, mon cher monsieur, que suis-je? un méchant cadavre dont l'âme est partout où sont mes filles. Quand vous aurez vu madame de Nucingen, vous me direz celle des deux que vous préférez, dit le bonhomme après un moment de silence en voyant Eugène qui se disposait à partir pour aller aux Tuileries en attendant l'heure de se présenter chez madame de Beauséant. »

Madame de Restaud l'invite à dîner pour le lendemain.

Le lendemain il y dîne en effet, tête à tête avec madame de Restaud. Ils vont ensuite aux Italiens. Il aperçoit dans une loge en face l'autre fille du père Goriot, la baronne de Nucingen, éclatante de luxe et de beauté. M. d'Ajuda Pinto le présente à elle. Ils s'amorcent mutuellement par des galanteries de paroles qui sont des trahisons pour la plus jeune des deux sœurs, des serments pour la plus âgée. A son retour à la pension, le père Goriot l'attend et s'enivre de ses confidences.

« — Ma foi! dit-il d'un air en apparence insouciant, à quoi cela me servirait-il d'être mieux? Je ne puis guère vous expliquer ces choses-là ; je ne sais pas dire deux paroles de suite comme il faut. Tout est la, ajouta-t-il en se frappant le cœur. Ma vie, à moi, est dans mes deux filles. Si elles s'amusent, si elles sont heureuses, bravement mises, si elles marchent sur des tapis, qu'importe de quel drap je sois vêtu et comment est l'endroit où je me couche? Je n'ai point froid si elles ont chaud, je ne m'ennuie jamais si elles rient. Je n'ai de chagrins que les leurs. Quand vous serez père, quand vous direz, en voyant gazouiller vos enfants : C'est sorti de moi! que vous sentirez ces petites créatures tenir à chaque goutte de votre sang, dont elles ont été la fine fleur, car c'est ça! vous vous croirez attaché à leur peau, vous croirez être agité vous-même par leur marche. Leur voix me répond partout. Un regard d'elles, quand il est triste, me fige le sang. Un jour vous saurez que l'on est bien plus heureux de leur bonheur que du sien propre. Je ne peux pas vous expliquer ça : c'est des mouvements intérieurs qui répandent l'aise partout. Enfin, je vis trois fois. Voulez-vous que je vous dise une drôle de chose? Eh bien, quand j'ai été père, j'ai compris Dieu. Il est tout entier partout, puisque la création est sortie de lui. Monsieur, je suis ainsi avec mes filles. Seulement j'aime mieux mes filles que Dieu n'aime le monde, parce que le monde n'est pas si beau que Dieu, et que mes filles sont plus belles que moi. Elles me tiennent si bien à l'âme, que j'avais idée que vous les verriez ce soir. Mon Dieu! un homme qui rendrait ma petite Delphine aussi heureuse qu'une femme l'est quand elle est bien aimée, mais je lui cirerais ses bottes, je lui ferais ses commissions. J'ai su par sa femme de chambre que ce petit monsieur de Marsay est un mauvais chien. Il m'a pris des envies de lui tordre le cou. Ne pas aimer un bijou de femme, une voix de rossignol, et faite comme un modèle! Où a-t-elle eu les yeux, d'épouser cette grosse souche d'Alsacien? Il leur fallait à toutes deux de jolis jeunes gens bien aimables. Enfin, elles ont fait à leur fantaisie. »

XLIV

En sortant de cet entretien, Rastignac va à son cours; il rencontre, dans le jardin du Luxembourg, son camarade de pension, Bianchon, élève en médecine. Bianchon est commun, mais il est honnête et modéré.

« — Ma foi! répond-il à Rastignac, que de succès et d'avenir! Tu poses la question qui se trouve à l'entrée de la vie pour tout le monde, et tu veux couper le nœud gordien avec l'épée. Pour agir ainsi, mon cher, il faut être Alexandre, sinon on va au bagne. Moi, je suis heureux de la petite existence que je me créerai en province, où je succéderai tout bêtement à mon père. Les affections de l'homme se satisfont dans le plus petit cercle aussi pleinement que dans une immense circonférence. Napoléon ne dînait pas deux fois, et ne pouvait pas avoir plus de maîtresses qu'en prend un étudiant en médecine quand il est interne aux Capucins. Notre bonheur, mon cher, tiendra toujours entre la plante de nos pieds et notre occiput; et qu'il coûte un million par an ou cent louis, la perception intrinsèque en est la même au-dedans de nous. Je conclus à la vie du Chinois.

— Merci, tu m'as fait du bien, Bianchon ! Nous serons toujours amis. »

Rastignac est tenté, mais non corrompu encore. La noblesse du sang lutte en lui contre l'influence de Vautrin. Madame de Nucingen, gênée dans ses dépenses par son mari, lui fait d'amères confidences et lui persuade d'aller jouer pour elle ses *derniers cent francs* à la roulette. Il gagne trente-six fois sa mise et rapporte 7,000 fr. à madame de Nucingen. Vautrin le ressaisit et lui conseille de déclarer son amour à mademoiselle Taillefer. Rastignac s'en laisse aimer. Quand Vautrin voit Rastignac engagé, il cherche une querelle au frère unique de la jeune fille et le tue d'un coup d'épée au front, sous le nom du colonel Franceschini. Le nouvelle se répand. Rastignac soupçonne Lucile du meurtre. Il jure qu'il n'épousera jamais mademoiselle Taillefer. Vautrin invite toute la pension au spectacle. Au retour il est arrêté comme forçat libéré. Goriot vend jusqu'à ses derniers couverts d'argent pour complaire à ses filles, et il expire pendant qu'elles vont au bal. La scène est horrible, mais invraisemblable, comme toute la fin du roman. On voit que l'auteur se trouble et se corrompt lui-même. Ce livre, qui commence avec un inimitable talent, finit comme un **mauvais mélodrame**.

Voilà le *Père Goriot*.

L'impression est funèbre, on ne s'en sauve que par l'incrédulité.

XLV

LE LIS DANS LA VALLÉE

C'est une oasis dans les œuvres de Balzac. Il est las de cynisme et d'horreur. Il se retire à la campagne, en Touraine, et s'abandonne au courant d'amour qui l'emporte à ses rêveries. Il rêve beau.

Voici le *Lis*.

Il commence par une espèce de préface.

A MADAME LA COMTESSE NATHALIE DE MANERVILLE.

« Je cède à ton désir. Le privilége de la femme que nous aimons plus qu'elle ne nous aime est de nous faire oublier à tout propos les règles du bon sens. Pour ne pas voir un pli se former sur vos fronts, pour dissiper la boudeuse expression de vos lèvres que le moindre refus attriste, nous franchissons miraculeusement les distances, nous donnons notre sang, nous dépensons l'avenir. Aujourd'hui tu veux mon passé, le voici. Seulement, sache-le bien, Nathalie : en t'obéissant, j'ai dû fouler aux pieds des répugnances inviolées. Mais pourquoi suspecter les soudaines et longues rêveries qui me saisissent parfois en plein bonheur ? pourquoi ta jolie colère de femme aimée, à propos d'un silence ? Ne pouvais-tu jouer avec les contrastes de mon caractère sans en demander les causes ? As-tu dans le cœur des secrets qui, pour se faire absoudre, aient besoin des miens ? Enfin, tu l'as deviné, Nathalie, et peut-être vaut-il mieux que tu saches tout : oui, ma vie est dominée par un fantôme, il se dessine vaguement au moindre mot qui le provoque, il s'agite souvent de lui-même au-dessus de moi. J'ai d'imposants souvenirs ensevelis au fond de mon âme, comme ces productions marines qui s'aperçoivent par les temps calmes, et que les flots de la tempête jettent par fragment sur la grève. Quoique le travail que nécessitent les idées pour être exprimées ait contenu ces anciennes émotions qui me font tant de mal quand elles se réveillent trop soudainement, s'il y avait dans cette confession des éclats qui te blessassent, souviens-toi que tu m'as menacé si je ne t'obéissais pas ; ne me punis donc pas de t'avoir obéi. Je voudrais que ma confidence redoublât ta tendresse. A ce soir.

FÉLIX

« A quel talent nourri de larmes devrons-nous un jour la plus émouvante élégie, la peinture des tourments subis en silence par les âmes dont les racines tendres encore ne rencontrent que de durs cailloux dans le sol domestique, dont les premières floraisons sont déchirées par des mains haineuses, dont les fleurs sont atteintes par la gelée au moment où elles s'ouvrent ? Quel poëte nous dira les douleurs de l'enfant dont les lèvres sucent un sein amer, et dont les sourires sont réprimés par le feu dévorant d'un œil sévère ? La fiction qui représenterait ces pauvres cœurs opprimés par les êtres placés autour d'eux pour favoriser les développements de leur sensibilité serait la véritable histoire de ma jeunesse. Quelle vanité pouvais-je blesser, moi, nouveau-né? quelle disgrâce physique ou morale me valait la froideur de ma mère? étais-je donc l'enfant du devoir, celui dont la naissance est fortuite, ou celui dont la vie est un reproche? Mis en nourrice à la campagne, oublié par ma famille pendant trois ans, quand je revins à la maison paternelle, je comptais pour si peu de chose que j'y subissais la compassion des gens. Je ne connais ni le sentiment ni l'heureux hasard à l'aide desquels j'ai pu me relever de cette première déchéance : chez moi l'enfant ignore, et l'homme ne sait rien. Loin d'adoucir mon sort, mon frère et mes deux sœurs s'amusèrent à me faire souffrir. Le pacte en vertu duquel les enfants cachent leurs peccadilles, et qui leur apprend déjà l'honneur, fut nul à mon égard; bien plus, je me vis souvent puni pour les fautes de mon frère, sans pouvoir réclamer contre cette injustice; la courtisanerie, en germe chez les enfants, leur conseillait-elle de contribuer aux persécutions qui m'affligeaient, pour se ménager les bonnes grâces d'une mère également redoutée par eux? était-ce un effet de leur penchant à l'imitation? était-ce besoin d'essayer leur forces, ou manque de pitié? Peut-être ces causes réunies me privèrent-elles de la douceur de la fraternité. Déjà déshérité de toute affection, je ne pouvais rien aimer, et la nature m'avait fait aimant! Un ange recueille-t-il les soupirs de cette sensibilité sans cesse rebutée? Si dans quelques âmes les sentiments méconnus tournent en haine, dans la mienne ils se concentrèrent et s'y creusèrent un lit d'où, plus tard, ils jaillirent sur ma vie. Suivant les caractères, l'habitude de trembler relâche les fibres, engendre la crainte; et la crainte oblige à toujours céder. De là vient une faiblesse qui abâtardit l'homme et lui communique je ne sais quoi d'esclave. Mais ces continuelles tourmentes m'habituèrent à déployer une force qui s'accrut par son exercice et prédisposa mon âme aux résistances morales. Attendant toujours une douleur nouvelle, comme les martyrs attendaient un nouveau coup, tout mon être dut exprimer une résignation morne sous laquelle les grâces et les mouvements de l'enfance furent étouffés, attitude qui passa pour un symptôme d'idiotie et justifia les sinistres pronostics de ma mère. La certitude de ces injustices excita prématurément dans mon âme la fierté, ce fruit de la raison, qui sans doute arrêta les mauvais penchants qu'une semblable éducation encourageait. Quoique délaissé par ma mère, j'étais parfois l'objet de ses scrupules, parfois elle parlait de mon instruction et manifestait le désir de s'en occuper ; il me passait alors des frissons horribles en songeant aux déchirements que me causerait un contact journalier avec elle. Je bénissais mon abandon, et me trouvais heureux de pouvoir rester dans le jardin à jouer avec des cailloux, à observer des insectes, à regarder le bleu du firmament. Quoique l'isolement dût me porter à la rêverie, mon goût pour les contemplations vint d'une aventure qui vous peindra mes premiers malheurs. Il était si peu question de moi que souvent la gouvernante oubliait de me faire coucher. Un soir, tranquillement blotti sous un figuier, je regardais une étoile avec cette passion curieuse qui saisit les enfants, et à laquelle ma précoce mélancolie ajoutait une sorte d'intelligence sentimentale. Mes sœurs s'amusaient et craient ; j'entendais leur lointain tapage comme un accompagnement à mes idées. Le bruit cessa, la nuit vint. Par hasard, ma mère s'aperçut de mon absence. Pour éviter un reproche, notre gouvernante, une terrible mademoiselle Caroline, légitima les fausses appréhensions de ma mère en prétendant que j'avais la maison en horreur ; que si elle n'eût pas attentivement veillé sur moi, je me serais enfui déjà ; je n'étais pas imbécile, mais sournois ; parmi tous les enfants soumis à ses soins, elle n'en avait jamais rencontré dont les dispositions fussent aussi mauvaises que les miennes. Elle feignit de me chercher et m'appela, je répondis ; elle vint au figuier où elle savait que j'étais. — Que faisiez-vous donc là? me dit-elle. — Je regardais une étoile. — Vous ne regardiez pas une étoile, dit ma mère qui nous écoutait du haut de son balcon ; connaît-on l'astronomie à votre âge ? — Ah! madame, s'écria mademoiselle Caroline, il a lâché le robinet du réservoir, le jardin est inondé. Ce fut une rumeur générale. Mes sœurs s'étaient amusées à tourner ce robinet pour voir couler l'eau ; mais, surprises par l'écartement d'une gerbe qui les avait arrosées de toutes parts, elles avaient perdu la tête et s'étaient enfuies sans avoir pu fermer le robinet. Atteint et convaincu d'avoir imaginé cette espièglerie, accusé de mensonge quand j'affirmais mon innocence, je fus sévèrement puni. Mais, châtiment horrible! je fus persiflé sur mon amour pour les étoiles, et ma mère me défendit de rester au jardin le soir. Les défenses tyranniques aiguisent encore plus une passion chez les enfants que chez les hommes ; les enfants ont sur eux l'avantage de ne penser qu'à la chose défendue, qui leur offre des attraits irrésistibles. J'eus donc souvent le fouet pour mon étoile. Ne pouvant me confier à personne, je lui disais mon chagrin dans ce délicieux ramage intérieur par lequel un enfant bégaye ses premières idées, comme naguère il a bégayé ses premières paroles. A l'âge de douze ans, au collége, je la contemplais encore en éprouvant d'indicibles délices, tant les impressions reçues au matin de la vie laissent de profondes traces au cœur.

» De cinq ans plus âgé que moi, Charles fut aussi bel enfant qu'il est bel homme ; il était le privilégié de mon père, l'amour de ma mère, l'espoir de ma famille, partant le roi de la maison. Bien fait et robuste, il avait un précepteur. Moi, chétif et malingre, à cinq ans je fus envoyé comme externe dans une pension de la ville, conduit le matin et ramené le soir par le valet de chambre de mon père. Je partais en emportant un panier peu fourni, tandis que mes camarades apportaient d'abondantes provisions. Ce contraste entre mon dénûment et leur richesse engendra mille souffrances. Les célèbres rillettes et rillons de Tours formaient l'élément principal du repas que nous faisions au milieu de la journée, entre le déjeuner du matin et le dîner de la maison, dont l'heure coïncidait avec notre rentrée. Cette préparation, si prisée par quelques gourmets, paraît rarement à Tours sur les tables aristocratiques; si j'en entendis parler avant d'être mis en pension, je n'avais jamais eu le bonheur de voir étendre pour moi cette brune confiture sur une tartine de pain; mais elle n'aurait pas été de mise à la pension, mon envie n'en eût pas été moins vive, car elle était devenue comme une idée fixe, semblable au désir qu'inspiraient à l'une des plus élégantes duchesses de Paris les ragoûts cuisinés par les portières, et qu'en sa qualité de femme, elle satisfît. Les enfants devinent la convoitise dans les regards aussi bien que vous y lisez l'amour : je devins alors un excellent sujet de moquerie. Mes camarades, qui presque tous appartenaient à la petite bourgeoisie, venaient me présenter leurs excellentes rillettes en me demandant si je savais comme elles se faisaient, où elles se vendaient, pourquoi je n'en avais pas. Ils se pourléchaient en vantant les rillons, ces résidus de porc sautés dans sa graisse et qui ressemblent à des truffes cuites; ils douanaient mon panier, n'y trouvaient que des fromages d'Olivet ou des fruits secs, et m'assassinaient d'un : — *Tu n'as donc pas de quoi?* qui m'apprit à mesurer la différence mise entre mon frère et moi. Ce contraste entre mon abandon et le bonheur des autres a souillé les roses de mon enfance et flétri ma verdoyante jeunesse. La première fois que, dupe d'un sentiment généreux, j'avançai la main pour accepter la friandise tant souhaitée qui me fut offerte d'un air hypocrite, mon mystificateur retira sa tartine aux rires des camarades prévenus de ce dénoûment. Si les esprits les plus distingués sont accessibles à la vanité, comment ne pas absoudre l'enfant qui pleure de se voir méprisé, goguenardé! A ce jeu, combien d'enfants seraient devenus gourmands, quêteurs, lâches! Pour éviter les persécutions, je me battis. Le courage du désespoir me rendit redoutable; mais je fus un objet de haine, et restai sans ressources contre les traîtrises. Un soir, en sortant, je reçus dans le dos un coup de mouchoir roulé, plein de cailloux. Quand le valet de chambre, qui me vengea rudement, apprit cet événement à ma mère, elle s'écria : — Ce maudit enfant ne nous donnera que des chagrins! J'entrai dans une horrible défiance de moi-même, en trouvant là les répulsions que j'inspirais en famille. Là, comme à la maison, je me repliai sur moi-même. Une seconde tombée de neige retarda la floraison des germes semés en mon âme. Ceux que je voyais aimés étaient de francs polissons, ma fierté s'appuya sur cette observation, je demeurai seul. Ainsi se continua l'impossibilité d'épancher les sentiments dont mon cœur était gros. En me voyant toujours assombri, haï, solitaire, le maître confirma les soupçons erronés que ma famille avait de ma mauvaise nature. Dès que je sus écrire et lire, ma mère me fit exporter à Pont-Levoy, collége dirigé par les Oratoriens, qui recevaient les enfants de mon âge dans une classe nommée la classe des *Pas latins*, où restaient aussi les écoliers de qui l'intelligence tardive se refusait au rudiment. Je demeurai là huit ans, sans voir personne, et menant une vie de paria. Voici comment et pourquoi. Je n'avais que trois francs par mois pour mes menus plaisirs, somme qui suffisait à peine aux plumes, canifs, règles, encre et papier dont il fallait nous pourvoir. Ainsi, ne pouvant acheter ni les échasses, ni les cordes, ni aucune des choses nécessaires aux amusements du collége, j'étais banni des jeux ; pour y être admis, j'aurais dû flagorner les riches ou flatter les forts de ma division. La moindre de ces lâchetés, que se permettent si facilement les enfants, me faisait bondir le cœur. Je sé-

journais sous un arbre, perdu dans de plaintives
rêveries, je lisais là les livres que nous distribuait mensuellement le bibliothécaire. Combien
de douleurs étaient cachées au fond de cette solitude monstrueuse! quelles angoisses engendrait mon abandon! Imaginez ce que mon âme
tendre dut ressentir à la première distribution
de prix où j'obtins les deux plus estimés, le prix
de thème et celui de version! En venant les
recevoir sur le théâtre au milieu des acclamations et des fanfares, je n'eus ni mon père ni
ma mère pour me fêter, alors que le parterre
était rempli par les parents de tous mes camarades. Au lieu de baiser le distributeur, suivant
l'usage, je me précipitai dans son sein et j'y
fondis en larmes. Le soir, je brûlai mes couronnes dans le poêle. Les parents demeuraient en
ville pendant la semaine employée par les exercices qui précédaient la distribution des prix,
ainsi mes camarades décampaient tous joyeusement le matin ; tandis que moi, de qui les parents étaient à quelques lieues de là, je restais
dans les cours avec les outre-mer, nom donné
aux écoliers dont les familles se trouvaient aux
îles ou à l'étranger. Le soir, durant la prière,
les barbares nous vantaient les bons dîners faits
avec leurs parents. Vous verrez toujours mon

malheur s'agrandissant en raison de la circonférence des sphères sociales où j'entrerai. Combien d'efforts n'ai-je pas tentés pour infirmer l'arrêt qui me condamnait à ne vivre qu'en moi ! Combien d'espérances longtemps conçues avec mille élancements d'âme et détruites en un jour! Pour décider mes parents à venir au collége, je leur écrivais des épîtres pleines de sentiment peut-être emphatiquement exprimés, mais ces lettres auraient-elles dû m'attirer les reproches de ma mère qui me réprimandait avec ironie sur mon style ? Sans me décourager, je promettais de remplir les conditions que ma mère et mon père mettaient à leur arrivée, j'implorais l'assistance de mes sœurs à qui j'écrivais aux jours de leur fête et de leur naissance, avec l'exactitude des pauvres enfants délaissés, mais avec une vaine persistance. Aux approches de la distribution des prix, je redoublais mes prières, je parlais de triomphes pressentis. Trompé par le silence de mes parents, je les attendais en m'exaltant le cœur, je les annonçais à mes camarades ; et quand, à l'arrivée des familles, le pas du vieux portier qui appelait les écoliers retentissait dans les cours, j'éprouvais alors des palpitations maladives. Jamais ce vieillard ne prononça mon nom. Le jour où je m'accusai d'avoir maudit l'existence, mon confesseur me montra le ciel où fleurissait la palme promise pour les *Beati qui lugent* ! du Sauveur. Lors de ma première communion, je me jetai donc dans les mystérieuses profondeurs de la prière, séduit par les idées religieuses dont les féeries morales enchantent les jeunes esprits. Animé d'une ardente foi, je priais Dieu de renouveler en ma faveur les miracles fascinateurs que je lisais dans le Martyrologe. A cinq ans je m'envolais dans une étoile, à douze ans j'allais frapper aux portes du sanctuaire. Mon extase fit éclore en moi des songes inénarrables qui meublèrent mon imagination, enrichirent ma tendresse et fortifièrent mes facultés pensantes. J'ai souvent attribué ces sublimes visions à des anges chargés de façonner mon âme à de divines destinées ; elles ont doué mes yeux de la faculté de voir l'esprit intime des choses ; elles ont préparé mon cœur aux magies qui font le poëte malheureux, quand il a le fatal pouvoir de comparer ce qu'il sent à ce qui est, les grandes choses voulues au peu qu'il obtient ; elles ont écrit dans ma tête un livre où j'ai pu lire ce que je devais exprimer, elles ont mis sur mes lèvres le charbon de l'improvisateur.

» Mon père conçut quelques doutes sur la portée de l'enseignement oratorien, et vint m'enlever de Pont-Levoy pour me mettre à Paris dans une institution située au Marais. J'avais quinze ans. Examen fait de ma capacité, le rhétoricien de Pont-Levoy fut jugé digne d'être en troisième. Les douleurs que j'avais éprouvées en famille, à l'école, au collége, je les retrouvais sous une nouvelle forme, pendant mon séjour à la pension Lepître. Mon père ne m'avait point donné d'argent. Quand mes parents savaient que je pouvais être nourri, vêtu, gorgé de latin, bourré de grec, tout était résolu. Durant le cours de ma vie collégiale, j'ai connu mille camarades environ, et n'ai rencontré chez aucun l'exemple d'une pareille indifférence. Attaché fanatiquement aux Bourbons, M. Lepître avait eu des relations avec mon père à l'époque où des royalistes dévoués essayèrent d'enlever au Temple la reine Marie-Antoinette ; ils avaient renouvelé connaissance ; M. Lepître se crut donc obligé de réparer l'oubli de mon père ; mais la somme qu'il me donna mensuellement fut médiocre, car il ignorait les intentions de ma famille. La pension était installée à l'ancien hôtel Joyeuse, où, comme dans toutes les anciennes demeures seigneuriales, il se trouvait une loge de suisse. Pendant la récréation qui précédait l'heure où le *gâcheux* nous conduisait au lycée Charlemagne, les camarades opulents allaient déjeuner chez notre portier, nommé Doisy. M. Lepître ignorait ou souffrait le commerce de Doisy, véritable contrebandier que les élèves avaient intérêt à choyer; il était le secret chaperon de nos écarts, le confident des rentrées tardives, notre intermédiaire entre les loueurs de livres défendus. Déjeuner d'une tasse de café au lait était un goût aristocratique, expliqué par le prix excessif auquel montèrent les denrées coloniales sous Napoléon. Si l'usage du sucre et du café constituait un luxe chez les parents, il annonçait parmi nous une supériorité vaniteuse qui aurait engendré notre passion, si la pente à l'imitation, si la gourmandise, si la contagion de la mode n'eussent pas suffi. Doisy nous faisait crédit, il nous supposait à tous des sœurs ou des tantes qui approuvent le point d'honneur des écoliers et payent leurs dettes. Je résistai longtemps aux blandices de la buvette. Si mes juges eussent connu la force des séductions, les héroïques inspirations de mon âme vers le stoïcisme, les rages contenues pendant ma longue résistance, ils eussent essuyé mes pleurs au lieu de les faire couler. Mais, enfant, pouvais-je avoir cette grandeur d'âme qui fait mépriser le mépris d'autrui? »

On retrouve dans cette épître la plupart des circonstances, racontées par sa sœur, dans le commencement de cet entretien. Ce sont des pages des *Confessions* de J.-J. Rousseau, à la déclamation près.

XLVI

Ce style consacré continue ainsi jusqu'au retour de Balzac en Touraine, où ses parents le ramènent après le retour de Napoléon de l'île d'Elbe en 1815. Sa famille, royaliste, exige qu'il aille la représenter au bal que la bourgeoisie de Tours offre au duc d'Angoulême. Il y va; il y aperçoit une femme miraculeuse de beauté, qui s'assied à côté de lui pendant le tumulte de la fête. Elle le fascine tellement qu'il effleure involontairement d'un mouvement de tête ses blanches épaules. Elle se lève et s'éloigne avec un mouvement d'indignation concentrée.

Quelque temps après un ami de sa famille lui propose de visiter avec lui les bords de la rivière. Voici cette délicieuse description qui le ramène à son idéal. Ni Rousseau, ni Chateaubriand, ni Byron, ni Gœthe, ne le dépassent.

Lisez-la tout entière.

« Donc, un jeudi matin je partis de Tours par la barrière Saint-Éloy, je traversai les ponts Saint-Sauveur, j'arrivai dans Poncher, en levant le nez à chaque maison, et gagnai la route de Chinon. Pour la première fois de ma vie, je pouvais m'arrêter sous un arbre, marcher lentement ou vite à mon gré, sans être questionné par personne. Pour un pauvre être écrasé par les différents despotismes qui, peu ou prou, pèsent sur toutes les jeunesses, le premier usage du libre arbitre, exercé même sur des riens, apportait à l'âme je ne sais quel épanouissement. Beaucoup de raisons se réunirent pour faire de ce jour une fête pleine d'enchantements. Dans mon enfance, mes promenades ne m'avaient pas conduit à plus d'une lieue hors la ville. Mes courses aux environs de Pont-Levoy, ni celles que je fis dans Paris, ne m'avaient point gâté sur les beautés de la nature champêtre. Néanmoins il me restait, des premiers souvenirs de ma vie, le sentiment du beau qui respire dans le paysage de Tours avec lequel je m'étais familiarisé. Quoique complétement neuf à la poésie des sites, j'étais donc exigeant à mon insu, comme ceux qui, sans avoir la pratique d'un art, en imaginent tout d'abord l'idéal. Pour aller au château de Frapesle, les gens à pied ou à cheval abrègent la route en passant par les landes dites de Charlemagne, terres en friche, situées au sommet du plateau qui sépare le bassin du Cher et celui de l'Indre, et où mène un chemin de traverse que l'on prend à Champy. Ces landes plates et sablonneuses, qui vous attristent durant une lieue environ, joignent par un bouquet de bois le chemin de Saché, nom de la commune d'où dépend Frapesle. Ce chemin, qui débouche sur la route de Chinon, bien au delà de Ballan, longe une plaine ondulée sans accidents remarquables, jusqu'au petit pays d'Artanne. Là se découvre une vallée qui commence à Montbazon, finit à la Loire, et semble bondir sous les châteaux posés sur ces doubles collines, une magnifique coupe d'émeraude, au fond de laquelle l'Indre se roule par des mouvements de serpent. A cet aspect, je fus saisi d'un étonnement voluptueux que l'ennui des landes ou la fatigue du chemin avait préparé. — Si cette femme, la fleur de son sexe, habite un lieu dans le monde, ce lieu, le voici ! A cette pensée je m'appuyai contre un noyer sous lequel, depuis ce jour, je me repose toutes les fois que je reviens dans ma chère vallée. Sous cet arbre, confident de mes pensées, je m'interroge sur les changements que j'ai subis pendant le temps qui s'est écoulé depuis le dernier jour où j'en suis parti. Elle demeurait là, mon cœur ne me trompait point : le premier castel que je vis au penchant d'une lande était son habitation. Quand je m'assis sous mon noyer, le soleil de midi faisait pétiller les ardoises de son toit et les vitres de ses fenêtres. Sa robe de percale produisait le point blanc que je remarquai dans ses vignes sous un hallebergier. Elle était, comme vous le savez déjà, sans rien savoir encore, LE LIS DE CETTE VALLÉE où elle croissait pour le ciel, en la remplissant du parfum de ses vertus. L'amour infini, sans autre aliment qu'un objet à peine entrevu dont mon âme était remplie, je le trouvais exprimé par ce long ruban d'eau qui ruisselle au soleil entre deux rives vertes, par ces lignes de peupliers qui parent de leurs dentelles mobiles ce val d'amour, par les bois de chênes qui s'avancent entre les vignobles sur des coteaux que la rivière arrondit toujours différemment, et par ces horizons estompés qui fuient en se contrariant. Si vous voulez voir la nature belle et vierge comme une fiancée, allez là par un jour de printemps; si vous voulez calmer les plaies saignantes de votre cœur, revenez-y par les derniers jours de l'automne : au printemps, l'amour y bat des ailes à plein ciel ; en automne on y songe à ceux qui ne sont plus. Le poumon malade y respire une bienfaisante fraîcheur, la vue s'y repose sur des touffes dorées qui communiquent à l'âme leurs paisibles douceurs. En ce moment, les moulins situés sur les chutes de l'Indre donnaient une voix à cette vallée frémissante, les peupliers se balançaient en riant, pas un nuage au ciel, les oiseaux chantaient, les cigales criaient, tout y était mélodie. Ne me demandez plus pourquoi j'aime la Touraine : je ne l'aime ni comme on aime son berceau, ni comme on aime une oasis dans le désert; je l'aime comme un artiste aime l'art ; je l'aime moins que je ne vous aime; mais sans la Touraine, peut-être ne vivrais-je plus. Sans savoir pourquoi, mes yeux revenaient au point blanc, à la femme qui brillait dans ce jardin comme au milieu des buissons éclatait la clochette d'un convolvulus, flétrie si l'on y touche. Je descendis, l'âme émue, au fond de cette corbeille, et vis bientôt un village que la poésie qui surabondait en moi me fit trouver sans pareil. Figurez-vous trois moulins posés parmi des îles gracieusement découpées, couronnées de quelques bouquets d'arbres au milieu d'une prairie d'eau ; quel autre nom donner à ces végétations aquatiques, si vivaces, si bien colorées, qui tapissent la rivière, surgissent au-dessus, ondulent avec elle, se laissent aller à ses caprices et se plient aux tempêtes de la rivière fouettée par la roue des moulins? Çà et là, s'élèvent des masses de gravier sur lesquelles l'eau se brise en y formant des franges où reluit le soleil. Les amaryllis, le nénufar, le lis d'eau, les joncs, les flox, décorent les rives de leurs magnifiques tapisseries. Un pont tremblant composé de poutrelles pourries, dont les piles sont couvertes de fleurs, dont les garde-fous, plantés d'herbes vivaces et de mousses veloutées, se penchent sur la rivière et ne tombent point; des barques usées, des filets de pêcheurs, le chant monotone d'un berger, les canards qui voguaient entre les îles ou s'épluchaient sur le jard, nom du gros sable que charrie la Loire; des garçons meuniers, le bonnet sur l'oreille, occupés à charger leurs mulets ; chacun de ces détails rendait cette scène d'une naïveté surprenante. Imaginez au-delà du pont deux ou trois fermes, un colombier, des tourterelles, une trentaine de masures séparées par des jardins, par des haies de chèvrefeuilles, de jasmins, de clématites; puis du fumier fleuri devant toutes les portes, des poules et des coqs par les chemins : voilà le village du Pont-du-Ruan, joli village surmonté d'une vieille église du temps des croisades, et comme les peintres en cherchent pour leurs tableaux. Encadrez le tout de noyers antiques, de jeunes peupliers aux feuilles d'or pâle, mettez de gracieuses fabriques au milieu de longues prairies où l'œil se perd sous un ciel chaud et vaporeux, vous aurez une idée d'un des mille points de vue de ce beau pays. Je suivis le chemin de Saché, sur la gauche de la rivière, en observant les détails des collines qui meublent la rive opposée. Puis enfin, j'atteignis un parc orné d'arbres centenaires qui m'indiqua le château de Frapesle. J'arrivai précisément à l'heure où la cloche annonçait le déjeuner. Après le repas, mon hôte, ne soupçonnant pas que j'étais venu de Tours à pied, me fit parcourir les alentours de sa terre, où de toutes parts je vis la vallée sous toutes ses formes : ici par une échappée, là tout entière; souvent mes yeux furent attirés à l'horizon par la belle lame d'or de la Loire où, parmi les roulées, les voiles dessinaient de fantasques figures qui fuyaient emportées par le vent. En gravissant une crête, j'admirai pour la première fois le château d'Azay, diamant taillé à facettes, serti par l'Indre, monté sur des pilotis masqués de fleurs. Puis je vis dans un fond les masses romantiques du château de Saché, mélancolique séjour plein d'harmonies, trop graves pour les gens superficiels, chères aux poëtes dont l'âme est endolorie. Aussi, plus tard, en aimai-je le silence, les grands arbres chenus, et ce je ne sais quoi mystérieux épandu dans son vallon solitaire! Mais chaque fois que je retrouvais au penchant de la côte voisine le mignon castel aperçu, choisi par mon premier regard, je m'y arrêtais complaisamment.

» — Hé! me dit mon hôte, en lisant dans mes yeux l'un de ces petillants désirs toujours si naïvement exprimés à mon âge, vous sentez de loin une jolie femme comme un chien flaire le gibier.

» Je n'aimai pas ce dernier mot, mais je demandai le nom du castel et celui du propriétaire.

» — Ceci est Clochegourde, me dit-il, une jolie maison appartenant au comte de Mortsauf, le représentant d'une famille historique en Touraine, dont la fortune date de Louis XI, et dont le nom indique l'aventure à laquelle il doit et ses armes et son illustration. Il descend d'un homme qui survécut à la potence. Aussi les Mortsauf portent-ils *d'or, à la croix de sable alzée potencée et contre-potencée, chargée en cœur d'une fleur-de-lis d'or au pied nourri*, avec : *Dieu saulve le Roi notre Sire*, pour devise. Le comte est venu s'établir sur ce domaine au retour de l'émigration. Ce bien est à sa femme, une demoiselle de Lenoncourt, de la maison de Lenoncourt-Givry qui va s'éteindre : madame de Mortsauf est fille unique. Le peu de fortune de cette famille contraste si singulièrement avec l'illustration des noms, que, par orgueil ou par nécessité peut-être, ils restent toujours à Clochegourde et n'y voient personne. Jusqu'à présent, leur attachement aux Bourbons pouvait justifier leur solitude; mais je doute que le retour du roi change leur manière de vivre. En venant m'établir ici, l'année dernière, je suis allé leur faire une visite de politesse; ils me l'ont rendue et nous ont invités à dîner; l'hiver nous a séparés pour quelques mois ; puis les événements politiques ont retardé notre retour, car je ne suis à Frapesle que depuis peu de temps. Madame de Mortsauf est une femme qui pourrait occuper partout la première place.

» — Vient-elle souvent à Tours ?

» — Elle n'y va jamais. Mais, dit-il en se reprenant, elle y est allée dernièrement, au passage du duc d'Angoulême, qui s'est montré fort gracieux pour monsieur de Mortsauf.

» — C'est elle ! m'écriai-je.

» — Qui, elle ?

» — Une femme qui a de belles épaules.

» — Vous rencontrerez en Touraine beaucoup de femmes qui ont de belles épaules, dit-il en riant. Mais si vous n'êtes pas fatigué, nous pouvons passer la rivière, et monter à Clochegourde, où vous aviserez à reconnaître vos épaules.

» J'acceptai, non sans rougir de plaisir et de honte. Vers quatre heures nous arrivâmes au petit château que mes yeux caressaient depuis longtemps. Cette habitation, qui fait un bel effet dans le paysage, est en réalité modeste. Elle a cinq fenêtres de face ; chacune de celles qui terminent la façade exposée au midi s'avance d'environ deux toises, artifice d'architecture qui simule deux pavillons et donne de la grâce au logis ; celle du milieu sert de porte, et on en descend par un double perron dans des jardins étagés, qui atteignent à une étroite prairie située le long de l'Indre. Quoiqu'un chemin communal sépare cette prairie de la dernière terrasse ombragée par une allée d'acacias et de vernis du Japon, elle semble faire partie des jardins ; car le chemin est creux, encaissé d'un côté par la terrasse, et bordé de l'autre par une haie normande. Les pentes bien ménagées mettent assez de distance entre l'habitation et la rivière pour sauver les inconvénients du voisinage des eaux, sans en ôter l'agrément. Sous la maison se trouvent des remises, des écuries, des resserres, des cuisines, dont les diverses ouvertures dessinent des arcades. Les toits sont gracieusement contournés aux angles, décorés de mansardes à croisillons sculptés et de bouquets en plomb sur les pignons. La toiture, sans doute négligée pendant la Révolution, est chargée de cette rouille produite par les mousses plates et rougeâtres qui croissent sur les maisons exposées au midi. La porte-fenêtre du perron est surmontée d'un campanile où reste sculpté l'écusson des Blamont-Chauvry : *écartelé de gueules à un pal de vair, flanqué de deux mains appaumées de carnation et d'or à deux lances de sable mises en chevrons.* Le devise : *Voyez tous, nul ne touche !* me frappa vivement. Les supports, qui sont un griffon et un dragon de gueules enchaînées d'or, faisaient un joli effet sculptés. La Révolution avait endommagé la couronne ducale et le cimier, qui se compose d'un palmier de sinople fruité d'or. Senart, secrétaire du comité de salut public, était bailli de Saché avant 1781, ce qui explique ces dévastations.

» Ces dispositions donnent une élégante physionomie à ce castel ouvragé comme une fleur, et qui semble ne pas peser sur le sol. Vu de la vallée, le rez-de-chaussée semble être au premier étage; mais, du côté de la cour, il est de plain-pied, avec une large allée sablée donnant sur un boulingrin animé par plusieurs corbeilles de fleurs. A droite et à gauche, les clos de vignes, les vergers et quelques pièces de terres labourables plantées de noyers, descendent rapidement, enveloppent la maison de leurs massifs et atteignent les bords de l'Indre, que garnissent, en cet endroit, des touffes d'arbres dont les verts ont été nuancés par la nature elle-même. En montant le chemin qui côtoie Clochegourde, j'admirais ces masses si bien disposées, j'y respirais un air chargé de bonheur. La nature morale a-t-elle donc, comme la nature physique, ses communications électriques et ses rapides changements de température? Mon cœur palpitait à l'approche des événements secrets qui devaient le modifier à jamais, comme les animaux s'égayent en prévoyant un beau temps. Ce jour si marquant dans ma vie ne fut dénué d'aucune des circonstances qui pouvaient le solenniser. La nature s'était parée comme une femme allant à la rencontre du bien-aimé, mon âme avait pour la première fois entendu sa voix, mes yeux l'avaient admirée aussi féconde, aussi variée que mon imagination me la représentait dans mes rêves de collége, dont je vous ai dit quelques mots, inhabiles à vous en expliquer l'influence, car ils ont été comme une Apocalypse où ma vie me fut figurativement prédite : chaque événement heureux ou malheureux s'y rattache par des images bizarres, liens visibles aux yeux de l'âme seulement. Nous traversâmes une première cour entourée des bâtiments nécessaires aux exploitations rurales, une grange, un pressoir, des étables, des écuries. Averti par les aboiements du chien de garde, un domestique vint à notre rencontre, et nous dit que monsieur le comte, parti pour Azay dès le matin, allait sans doute revenir, et que madame la comtesse était au logis. Mon hôte me regarda. Je tremblais qu'il ne voulût pas voir madame de Mortsauf en l'absence de son mari, mais il dit au domestique de nous annoncer. Poussé par une avidité d'enfant, je me précipitai dans la longue antichambre qui traverse la maison.

» — Entrez donc, messieurs, dit alors une voix d'or.

» Quoique madame de Mortsauf n'eût prononcé qu'un mot au bal, je reconnus sa voix qui pénétra mon âme et la remplit comme un rayon de soleil remplit et dore le cachot d'un prisonnier. En pensant qu'elle pouvait se rappeler ma figure, je voulus m'enfuir; il n'était plus temps, elle apparut sur le seuil de la porte, nos yeux se rencontrèrent. Je ne sais qui d'elle ou de moi rougit le plus fortement. Assez interdite pour ne rien dire, elle revint s'asseoir à sa place devant un métier à tapisserie, après que le domestique eut approché deux fauteuils; elle acheva de tirer son aiguille afin de donner un prétexte à son silence, compta quelques points, et releva la tête, à la fois douce et altière, vers monsieur de Chessel, en lui demandant à quelle heureuse circonstance elle devait sa visite. Quoique curieuse de savoir la vérité sur mon apparition, elle ne nous regarda ni l'un ni l'autre; ses yeux furent constamment attachés sur la rivière; mais à la manière dont elle écoutait, vous eussiez dit que, semblable aux aveugles, elle savait reconnaître les agitations de l'âme dans les imperceptibles accents de la parole. Et cela était vrai. Monsieur de Chessel dit mon nom et fit ma biographie. J'étais arrivé depuis quelques mois à Tours, où mes parents m'avaient ramené chez eux quand la guerre avait menacé Paris. Enfant de la Touraine à qui la Touraine était inconnue, elle voyait en moi un jeune homme affaibli par des travaux immodérés, envoyé à Frapesle pour s'y divertir, et auquel il avait montré sa terre, où je venais pour la première fois. Au bas du coteau seulement, je lui avais appris ma course de Tours à Frapesle, et craignant pour ma santé déjà si faible, il s'était avisé d'entrer à Clochegourde, en pensant qu'elle me permettrait de m'y reposer. M. de Chessel disait la vérité, mais un hasard heureux semble si fort cherché que madame de Mortsauf garda quelque défiance; elle tourna sur moi des yeux froids et sévères qui me firent baisser les paupières, autant par je ne sais quel sentiment d'humiliation que pour cacher des larmes que je retins entre mes cils. L'imposante châtelaine me vit le front en sueur; peut-être aussi devina-t-elle les larmes, car elle m'offrit ce dont je pouvais avoir besoin, en exprimant une bonté consolante qui me rendit la parole. Je rougissais comme une jeune fille en faute, et d'une voix chevrotante comme celle d'un vieillard, je répondis par un remercîment négatif.

» — Tout ce que je souhaite, lui dis-je en levant les yeux sur les siens que je rencontrai pour la seconde fois, mais pendant un moment aussi rapide qu'un éclair, c'est de n'être pas renvoyé d'ici ; je suis tellement engourdi par la fatigue, que je ne pourrais marcher.

» — Pourquoi suspectez-vous l'hospitalité de notre beau pays ? me dit-elle. Vous nous accorderez sans doute le plaisir de dîner à Clochegourde ? ajouta-t-elle, en se tournant vers son voisin.

Je jetai sur mon protecteur un regard où éclatèrent tant de prières qu'il se mit en mesure d'accepter, cette proposition, dont la formule voulait un refus. Si l'habitude du monde permettait à M. de Chessel de distinguer ces nuances, un jeune homme, sans expérience, croit si fermement à l'union de la parole et de la pensée chez une belle femme, que je fus bien étonné quand, en revenant le soir, mon hôte me dit : — Je suis resté, parce que vous en mouriez d'envie ; mais si vous ne raccommodez pas les choses, je suis brouillé peut-être avec mes voisins. Ce *si vous ne raccommodez pas les choses* me fit longtemps rêver. Si je plaisais à madame de Mortsauf, elle ne pourrait pas en vouloir à celui qui m'avait introduit chez elle. M. de Chessel me supposait donc le pouvoir de l'intéresser, n'était-ce pas me le donner? Cette explication corrobora mon espoir en un moment où j'avais besoin de secours.

» — Ceci me semble difficile, répondit-il, madame de Chessel nous attend.

» — Elle vous a tous les jours, reprit la comtesse, et nous pouvons l'avertir. Est-elle seule?

» — Elle a M. l'abbé de Quélus.

» — Eh bien, dit-elle en se levant pour sonner, vous dînez avec nous.

» Cette fois M. de Chessel la crut franche et me jeta des regards complimenteurs. Dès que je fus certain de rester pendant une soirée sous ce toit, j'eus à moi comme une éternité. Pour beaucoup d'êtres malheureux, demain est un mot vide de sens, et j'étais alors au nombre de ceux qui n'ont aucune foi dans le lendemain; quand j'avais quelques heures à moi, j'y faisais tenir toute une vie de voluptés. Madame de Mortsauf entama sur le pays, sur les récoltes, sur les vignes, une conversation à laquelle j'étais étranger. Chez une maîtresse de maison, cette façon d'agir atteste un manque d'éducation ou son mépris pour celui qu'elle met ainsi comme à la porte du discours; mais ce fut embarras chez la comtesse. Si d'abord je crus qu'elle affectait de me traiter en enfant, si j'enviai le privilége des hommes de trente ans qui permettait à M. de Chessel d'entretenir sa voisine de sujets aussi graves auxquels je ne comprenais rien, si je me dépitai en me disant que tout était pour lui, à quelques mois de là, je sus combien est significatif le silence d'une femme, et combien de pensées couvre une diffuse conversation. D'abord j'essayai de me mettre à mon aise dans mon fauteuil, puis je reconnus les avantages de ma position en me laisant aller au charme d'entendre la voix de la comtesse. Le souffle de son âme se déployait dans les replis des syllabes, comme le son se divise sous les clefs d'une flûte; il expirait onduleusement à l'oreille d'où il précipitait l'action du sang. Sa façon de dire les terminaisons en *i* faisait croire à quelque chant d'oiseau; le *ch* prononcé par elle était comme une caresse, et la manière dont elle attaquait le *t* accusait le despotisme du cœur. Elle étendait ainsi, sans le savoir, le sens des mots, et vous entraînait l'âme dans un monde surhumain. Combien de fois n'ai-je pas laissé continuer une discussion que je pouvais finir, combien de fois ne me suis-je pas fait injustement gronder pour écouter ces concerts de voix humaine, pour aspirer l'air qui sortait de sa lèvre chargée de son âme, pour étreindre cette lumière parlée avec l'ardeur que j'aurais mise à serrer la comtesse sur mon sein! Quel chant d'hirondelle joyeuse, quand elle pouvait rire! mais quelle voix de cygne appelant ses compagnes, quand elle parlait de ses chagrins! L'inattention de la comtesse me permit de l'examiner. Mon regard se régalait en glissant sur la belle parleuse, il pressait sa taille, baisait ses pieds, et se jouait dans les boucles de sa chevelure. Cependant j'étais en proie à une terreur que comprendront ceux qui, dans leur vie, ont éprouvé les joies illimitées d'une passion vraie. J'avais peur qu'elle ne me surprît les yeux attachés à la place de ses épaules que j'avais si ardemment embrassées. Cette crainte avivait la tentation, et j'y succombais, je les regardais! mon œil déchirait l'étoffe, je revoyais la lentille qui marquait la naissance de la jolie raie par laquelle son dos était partagé, mouche perdue dans du lait, et qui depuis le bal flamboyait toujours le soir dans ces ténèbres où semble ruisseler le sommeil des jeunes gens dont l'imagination est ardente, dont la vie est chaste.

» Je puis vous crayonner les traits principaux qui partout eussent signalé la comtesse aux regards; mais le dessin le plus correct, la couleur la plus chaude n'en exprimeraient rien encore. Sa figure est une de celles dont la ressemblance exige l'introuvable artiste de qui la main sait peindre le reflet des feux intérieurs, et sait rendre cette vapeur lumineuse que nie la science, que la parole ne traduit pas, mais que voit un amant. Ses cheveux fins et cendrés la faisaient souvent souffrir, et ces souffrances étaient sans doute causées par de subites réactions du sang vers la tête. Son front arrondi, proéminent comme celui de la Joconde, paraissait plein d'idées inexprimées, de sentiments contenus, de fleurs noyées dans des eaux amères. Ses yeux verdâtres, semés de points bruns, étaient toujours pâles; mais s'il s'agissait de ses enfants, s'il lui échappait de ces vives effusions de joie ou de douleur, rares dans la vie des femmes résignées, son œil lançait alors une lueur subtile, qui semblait s'enflammer aux sources de la vie et devait les tarir; éclair qui m'avait arraché des larmes quand elle me couvrit de son dédain formidable et qui lui suffisait pour abaisser les paupières aux plus hardis. Un nez grec, comme dessiné par Phidias et réuni par un double arc à des lèvres élégamment sinueuses, spiritualisait son visage de forme ovale, et dont le teint, comparable au tissu des camellias blancs, se rougissait aux joues par de jolis tons roses. Son embonpoint ne détruisait ni la grâce de sa taille, ni la rondeur voulue, pour que ses formes demeurassent belles, quoique développées. Vous comprendrez soudain ce genre de perfection, lorsque vous saurez qu'en s'unissant à l'avant-bras, les éblouissants trésors qui m'avaient fasciné paraissaient ne devoir former aucun pli. Le bas de sa tête n'offrait point ces creux qui font ressembler la tête de certaines femmes à des troncs d'arbres, ses muscles n'y dessinaient point de cordes, et partout les lignes s'arrondissaient en flexuosités désespérantes pour le regard comme pour le pinceau. Un duvet follet se mourait le long de ses joues, dans les méplats du col, en y retenant la lumière qui s'y faisait soyeuse. Ses oreilles petites et bien contournées étaient, suivant son expression, des oreilles d'esclave et de mère. Plus tard, quand j'habitai son cœur elle me disait : « Voici M. de Mortsauf! » et avait raison, tandis que je n'entendais rien encore, moi dont l'ouïe possède une remarquable étendue. Ses bras étaient beaux, sa main aux doigts recourbés était longue, et, comme dans les statues antiques, la chair dépassait ses ongles à fines côtes. Je vous déplairais en donnant aux tailles plates l'avantage sur les tailles rondes, si vous n'étiez pas une exception. La taille ronde est un signe de force, mais les femmes ainsi construites sont impérieuses, volontaires, plus voluptueuses que tendres. Au contraire, les femmes à taille plate sont dévouées, pleines de finesse, enclines à la mélancolie ; elles sont mieux femmes que les autres. La taille plate est souple et molle, la taille ronde est inflexible et jalouse. Vous savez maintenant comment elle était faite. Elle avait le pied d'une femme comme il faut, ce pied qui marche peu, se fatigue promptement et réjouit la vue quand il dépasse la robe. Quoiqu'elle fût mère de deux enfants, je n'ai jamais rencontré dans son sexe personne de plus jeune fille qu'elle. Son air exprimait une simplesse, jointe à je ne sais quoi d'interdit et de songeur qui ramenait à elle comme le peintre ramène à la figure où son génie a traduit un monde de sentiments. Ses qualités visibles ne peuvent d'ailleurs s'exprimer que par des comparaisons. Rappelez-vous le parfum chaste et sauvage de cette bruyère que nous avons cueillie en revenant de la villa

Diodati, cette fleur dont vous avez tant loué le noir et le rose; vous devinerez comment cette femme pouvait être élégante loin du monde, naturelle dans ses expressions, recherchée dans les choses qui devenaient siennes, à la fois rose et noire. Son corps avait la verdeur que nous admirons dans les feuilles nouvellement dépliées, son esprit avait la profonde concision du sauvage, elle était enfant par le sentiment, grave par la souffrance, châtelaine et bachelette.

» Aussi plaisait-elle sans artifice, par sa manière de s'asseoir, de se lever, de se taire ou de jeter un mot. Habituellement recueillie, attentive comme la sentinelle sur qui repose le salut de tous et qui épie le malheur, il lui échappait parfois des sourires qui trahissaient en elle un naturel rieur, enseveli sous le maintien exigé par sa vie. Sa coquetterie était devenue un mystère, elle faisait rêver au lieu d'inspirer l'attention galante que sollicitent les femmes, et laissait apercevoir sa première nature de flamme vive, ses premiers rêves bleus, comme on voit le ciel par des éclaircies de nuages. Cette révélation involontaire rendait pensifs ceux qui ne sentaient pas une larme intérieure séchée par le feu des désirs. La rareté de ses gestes, et surtout celle de ses regards (excepté ses enfants, elle ne regardait personne), donnait une incroyable solennité à ce qu'elle faisait ou disait, quand elle faisait ou disait une chose avec cet air que savent prendre les femmes au moment où elles compromettent leur dignité par un aveu. Ce jour-là madame de Mortsauf avait une robe rose à mille raies, une collerette à large ourlet, une ceinture noire et des brodequins de même couleur. Ses cheveux simplement tordus sur sa tête étaient retenus par un peigne d'écaille. Telle était l'imparfaite esquisse promise. Mais la constante émanation de son âme sur les siens, cette essence nourrissante répandue à flots comme le soleil émet sa lumière; mais sa nature intime, son attitude aux heures sereines, sa résignation aux heures nuageuses; tous ces tournoiements de la vie où le caractère se déploie, tiennent, comme les effets du ciel, à des circonstances inattendues et fugitives qui ne se ressemblent entre elles que par le fond d'où elles détachent, et dont la peinture sera nécessairement mêlée aux événements de cette histoire; véritable épopée domestique, aussi grande aux yeux du sage que le sont les tragédies aux yeux de la foule, et dont le récit vous attachera autant pour la part que j'y ai prise, que par sa similitude avec un grand nombre de destinées féminines.

» Tout à Clochegourde portait le cachet d'une propreté vraiment anglaise. Le salon où restait la comtesse était entièrement boisé, peint en gris de deux nuances. La cheminée avait pour ornement une pendule contenue dans un bloc d'acajou, surmonté d'une coupe, et deux grands vases en porcelaine blanche à filets d'or, d'où s'élevaient des bruyères du Cap. Une lampe était sur la console. Il y avait un trictrac en face de la cheminée. Deux larges embrasses en coton retenaient les rideaux de percale blanche, sans franges. Des housses grises, bordées d'un galon vert, recouvraient les siéges, et la tapisserie tendue sur le métier de la comtesse disait assez pourquoi son meuble était ainsi caché. Cette simplicité arrivait à la grandeur. Aucun appartement, parmi ceux que j'ai vus depuis, ne m'a causé des impressions aussi fertiles, aussi touffues que celles dont j'étais saisi dans ce salon de Clochegourde, calme et recueilli comme la vie de la comtesse, et où l'on devinait la régularité conventuelle de ses occupations. La plupart de mes idées, et même les plus audacieuses en science ou en politique, sont nées là, comme les parfums émanent des fleurs ; mais là verdoyait la plante inconnue qui jeta sur mon âme sa féconde poussière; là brillait la chaleur solaire qui développa mes bonnes et dessécha mes mauvaises qualités. De la fenêtre, l'œil embrassait la vallée depuis la colline où s'étale Pont-de-Ruan, jusqu'au château d'Azay, en suivant les sinuosités de la côte opposée que varient les tours de Frapesle, puis l'église, le bourg et le vieux manoir de Saché, dont les masses dominent la prairie. En harmonie avec cette vie reposée et sans autres émotions que celles données par la famille, ces lieux communiquaient à l'âme leur sérénité. Si je l'avais rencontrée là pour la première fois, entre le comte et ses deux enfants, au lieu de la trouver splendide dans sa robe de bal, je ne lui aurais pas ravi ce délirant baiser dont j'eus alors des remords, en croyant qu'il détruirait l'avenir de mon amour! Non, dans les noires dispositions où me mettait le malheur, j'aurais plié le genou, j'aurais baisé ses brodequins, j'y aurais laissé quelques larmes, et je serais allé me jeter dans l'Indre. Mais après avoir effleuré le frais jasmin de sa peau et bu le lait de cette coupe pleine d'amour, j'avais dans l'âme le goût et l'espérance de voluptés humaines; je voulais vivre et attendre l'heure du plaisir comme le sauvage épie l'heure de la vengeance; je voulais me suspendre aux arbres, ramper dans les vignes, me tapir dans l'herbe; je voulais avoir pour complices le silence de la nuit, la lassitude de la vie, la chaleur du soleil, afin d'achever la pomme délicieuse où j'avais déjà mordu. M'eût-elle demandé la fleur qui chante ou les richesses enfouies par les compagnons de Morgan l'exterminateur, je les lui aurais apportées, afin d'obtenir les richesses certaines et la fleur muette que je souhaitais! Quand cessa le rêve où m'avait plongé la longue contemplation de mon idole, et pendant lequel un domestique vint et lui parla, je l'entendis causant du comte. Je pensai seulement alors qu'une femme devait appartenir à son mari. Cette pensée me donna des vertiges. Puis j'eus une rageuse et sombre curiosité de voir le possesseur de ce trésor. Deux sentiments me dominèrent, la haine et la peur : une haine qui ne connaissait aucun obstacle et les mesurait tous sans les craindre; une peur vague, mais réelle, du combat, de son issue, et d'ELLE surtout. En proie à d'indicibles pressentiments, je redoutais ces poignées de main qui déshonorent, j'entrevoyais les difficultés élastiques où se heurtent les plus rudes volontés et où elles s'émoussent; je craignais cette force d'inertie qui dépouille aujourd'hui la vie sociale des dénoûments que recherchent les âmes passionnées. »

La première entrevue avec madame de Warens et la première journée des Charmettes n'ont pas ce fini de description. Le siècle a fait des pas. Il a autant de charmes, et plus de pudeur.

XLVII

On dîne, et on se sépare.

« Le contentement qui enflait toutes mes voiles m'empêcha de voir les inextricables difficultés mises entre elle et moi par la vie si cohérente de la solitude de la campagne. J'étais près d'elle, à sa droite, je lui servais à boire. Oui, bonheur inespéré ! je frôlais sa robe, je mangeais son pain. Au bout de trois heures, ma vie se mêlait à sa vie ! Enfin, nous étions liés par ce terrible baiser, espèce de secret qui nous inspirait une honte mutuelle. Je fus d'une lâcheté glorieuse : je m'étudiais à plaire au comte, qui se prêtait à toutes mes courtisaneries ; j'aurais caressé le chien, j'aurais fait la cour aux moindres désirs des enfants; je leur aurais apporté des cerceaux, des billes d'agate; je leur aurais servi de cheval, je leur en voulais de ne pas s'emparer déjà de moi comme d'une chose à eux. L'amour a ses intuitions comme le génie a les siennes, et je voyais confusément que la violence, la maussaderie, l'hostilité, ruineraient mes espérances. »

XLVIII

Balzac accepte l'hospitalité d'un château voisin d'où il voit de près Clochegourde. Il se promène, rencontre M. de Mortsauf, se lie avec lui et acquiert son amitié. Les scènes douces et amères qui suivent ce moment sont remarquablement écrites, mais ressemblent à toutes. On peut dire que le chef-d'œuvre finit là. Le reste est beau, mais vulgaire; la femme n'a ni assez de vertu pour congédier l'amant, ni assez d'amour pour s'y livrer tout entière. Cela n'est plus chaud, cela devient tiède; la tiédeur amène la froideur, et la dernière partie du roman fait douter de la première. Évidemment cela me ressemble, quand, voulant associer l'hypocrisie du monde au délire de la passion, j'écrivis ce livre, à moitié vrai, à moitié faux, intitulé *Raphaël*. Le public se sentit trompé et m'abandonna. Je l'avais mérité : la passion est belle, mais c'est à condition d'être sincère. Il en est ainsi du *Lis dans la vallée*. Ou renoncez à peindre l'amour, ou sacrifiez-le à la vertu. Ces caractères hermaphrodites commencent par le charme et finissent par le dégoût.

Mais la première moitié du *Lis dans la vallée* ressemble au Cantiques des Cantiques terminé par une homélie de courtisans ambitieux de la cour de Charles X. On ne s'intéresse plus à personne ; et on sent que l'auteur se désintéresse à la fin de lui-même.

XLIX

Balzac revint enfin à son véritable type : la vérité. Il écrivit le chapitre le plus vaste, le plus divers et le plus véridique de sa Comédie humaine, les *Parents pauvres*. Ce fut son œuvre capitale, hélas! interrompue par la mort. C'était un homme de la race de Shakspeare, dont la séve était variée, large et profonde comme le monde. Il mourut, comme lui, entre cinquante et soixante ans, heureux à la fin de sa carrière, retiré du monde dans son repos, soigné par une femme aimée, et ne regrettant rien que ses rêves.

On fut longtemps à le juger, il était trop au-dessus de ses juges.

En laissant de côté ces livres futiles et un peu

cyniques, les *Contes drôlatiques,* écrits dans le commencement de sa vie pour avoir du pain et un habit, qu'il ne faut pas compter pour des monuments, mais excuser comme des haillons de misère, son caractère était probe et religieux au fond, comme les leçons de sa mère et les souvenirs de sa sœur. On sentait en lui l'homme de bonne maison, incapable de s'avilir, si ce n'est par plaisanterie passagère. Il aimait les Bourbons et l'aristocratie de la Restauration par tradition paternelle. La démagogie lui soulevait le cœur. On n'en voit pas trace dans ses innombrables livres. Il était gentilhomme de cœur, incapable de flatter une populace ou une cour. Il aurait eu plutôt des indulgences et des faiblesses pour les vices d'en haut; car il était pédant par la grandeur et jamais par la bassesse. Je l'ai vu plusieurs fois professer ces doctrines, même contre sa popularité. Il renonçait à être populaire pour rester juste et honorable. L'incorruptibilité était son essence; écrivain léger et trop indulgent pour lui-même en matière légère, mais au fond un honnête homme. Il concédait beaucoup au métier, rien à l'honneur.

Tel était Balzac.

L

Quant à son talent, il est incomparable.

Les romanciers français n'ont pas une sphère bien arrêtée dans laquelle on puisse délimiter l'action de leur plume. Les uns, tels que les romanciers du siècle de Louis XIV, *Télémaque*, les œuvres de mademoiselle de Scudéry, la *Princesse de Clèves*, etc., débordent dans le large lit des aventures fabuleuses et des poëmes épiques. Les autres, tels que l'abbé Prévost, serrent de plus près la réalité et la nature; ils écrivent les mémoires imaginaires d'*un Homme de qualité*, le *Doyen de Killerine*, ou les amours beaucoup trop cyniques de *Manon Lescaut* et du *Chevalier des Grieux*; d'autres, tels que J.-J. Rousseau, Chateaubriand dans *Atala* ou *René*, et, de nos jours, madame Sand, se livrent, sous la forme de roman, au lyrisme le plus transcendant de leur génie, et, pour flatter tantôt l'aristocratie, tantôt la religion, tantôt la démocratie du temps, chantent depuis les licencieuses amours de la *Nouvelle Héloïse* ou depuis les ridicules systèmes d'éducation de l'*Émile*, éminemment propre à former un peuple de marquis, jusqu'aux rêveries grotesques et féroces d'un socialisme et d'un communisme qui nient la nature, et qui prétendent refaire le monde mieux que le Créateur. Admirables prosateurs, détestables philosophes, préparant, pour désaltérer le peuple, non de l'eau salubre, mais de l'opium ivre de rêves et de convulsions!

Ainsi, à l'exception de l'abbé Prévost qui n'eut d'autre modèle que la nature, et de Chateaubriand, dans *René*, qui n'eut d'ivresse que celle du sentiment, presque tous les romanciers français suivirent servilement les mœurs de l'époque et n'écrivirent que pour un jour. Prenez le premier de ces romans, *Télémaque*, justement haï de Louis XIV, et essayez de construire sur ce modèle une société politique qui se tienne debout!

LI

Balzac naquit, et, doué par la nature d'un talent immense et d'un esprit juste, il secoua ces haillons de la pensée dont on avait voulu faire un costume national, il rentra dans la voie droite de l'abbé Prévost, et n'aspira qu'à un seul titre, celui d'*historiographe de la nature et de la société*.

Il le poursuivit laborieusement, passant avec un égal succès de la peinture la plus hideuse du vice jusqu'à la *Recherche de l'absolu*, cette pierre philosophale de la philosophie, jusqu'au *Lis dans la vallée*, cette perle de l'amour pur. Parcourez ces cent volumes de ses œuvres jetés avec profusion de sa main jamais lasse, et concluez avec moi qu'un seul homme en France était capable d'exécuter ce qu'il avait conçu, la *Comédie humaine*, ce poème épique de la vérité!

On dit, je le sais, et je me le suis dit moi-même en finissant la lecture de ce merveilleux artiste : Il est parfait, mais il est triste ; on sort, avec des larmes dans les yeux, de cette lecture. — Balzac est triste, c'est vrai ; mais il est profond. — Est-ce que le monde est gai?

Molière était triste, et c'est pourquoi il fut Molière.

FIN

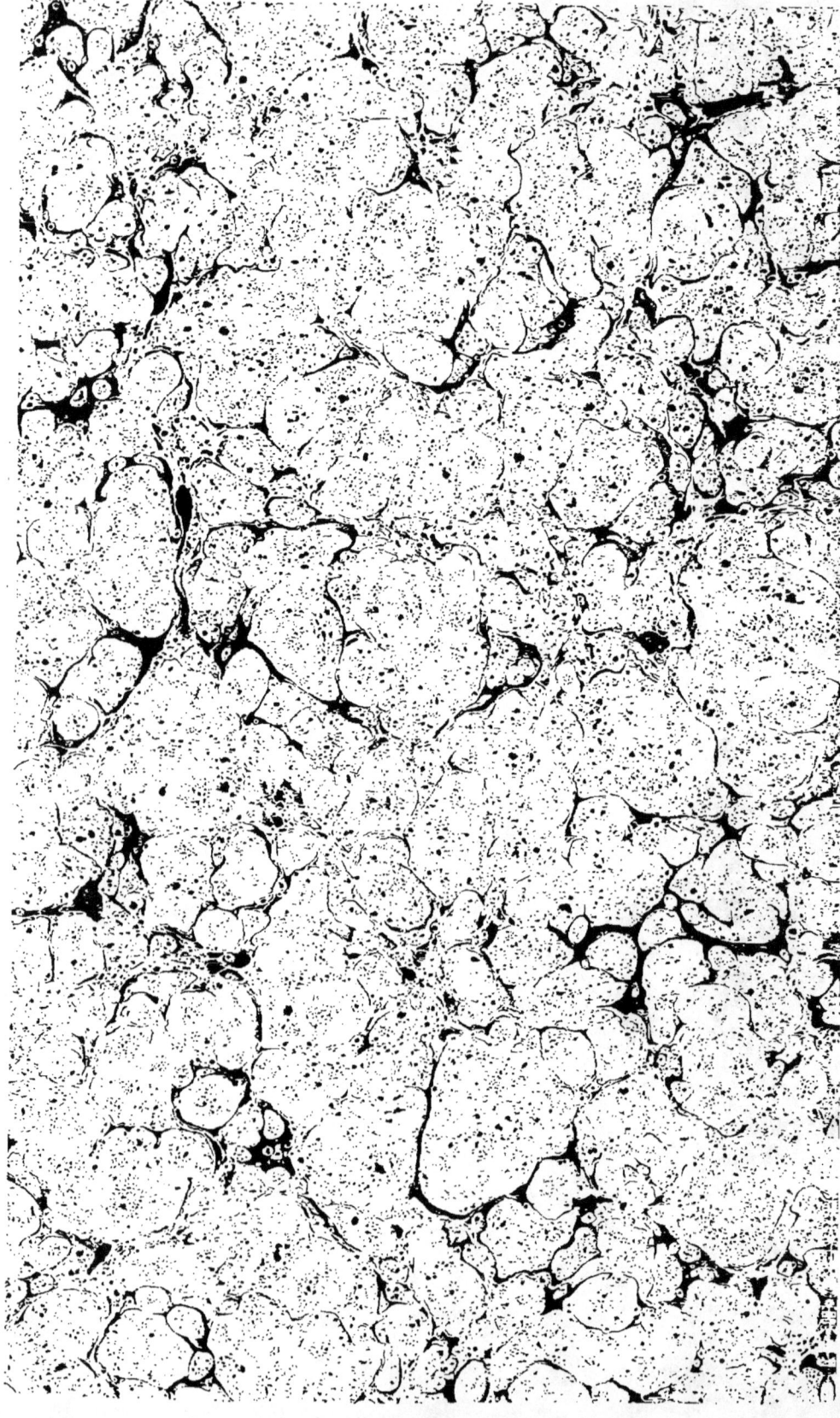

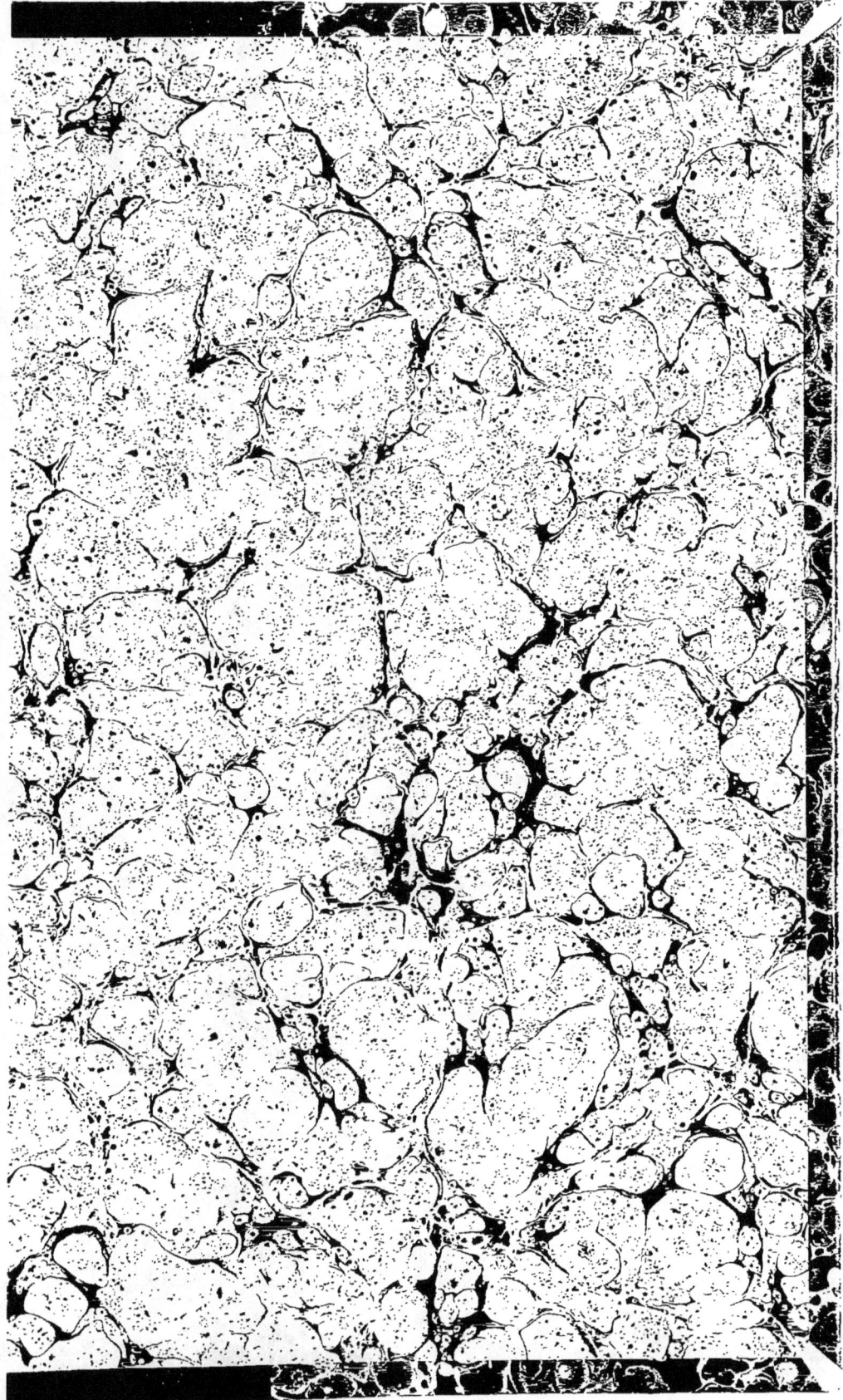

www.ingramcontent.com/pod-product-compliance
Lightning Source LLC
Chambersburg PA
CBHW071258160426
43196CB00009B/1336